„Der Schlüssel zum Erfolg liegt in Dir"!

Stärken- und Ressourcenanalyse für die nächsten wichtigen Karriere-Schritte – eine Trainings- und Coachingmaßnahme mit der Deutschen Bildung AG

Dajana Morak

Vorwort und Danksagung

Dieses Buch entstand aus einer Studienarbeit heraus, die sich analog zum Studienmodul „Teil II" des Masterstudiengangs der Wirtschaftspsychologie mit Schwerpunkt Training und Coaching an der Hochschule für angewandtes Management gliedert.

Der erste Teil befasst sich mit den Inhalten des Teilmoduls „Selbst- und Fremdwahrnehmung und -wirkung" und der zweite Teil mit den Inhalten des Teilmoduls „Aktuelle Forschungsfragen, Trends und Besonderheiten im Training & Coaching". Dem Leser soll damit ein Eindruck des akademischen Lehrangebotes der Hochschule vermittelt werden und gleichzeitig ein Einblick in das systemische Coaching geboten werden, welches mittlerweile verstärkt in verschiedenen Formaten und für unterschiedliche Zielgruppen angeboten wird.

Es enthält außerdem ein Praxisbeispiel, welches sich auf die theoretischen Inhalte des Studiums stützt. Das Praxisbeispiel ist ein Webinar mit anschließendem Transfer-Coaching mit der Deutschen Bildung AG, welches ich ehrenamtlich im Herbst 2015 durchgeführt habe. Es wird aus unterschiedlichen Gesichtspunkten betrachtet, aus wissenschaftlichen Theorien hergeleitet und entsprechend analysiert. Die akademische Herangehensweise soll die wissenschaftliche Relevanz verdeutlichen und gleichzeitig das Bildungskonzept der Deutschen Bildung AG vorstellen, welches sie im Rahmen eines ideellen Förderungskonzeptes für Studenten neben der finanziellen Unterstützung anbietet.

Im Zuge dessen möchte ich mich noch einmal ganz herzlich bei Prof. Claas Triebel und Frau Prof. Jutta Heller bedanken, die es mir erlaubt haben das Thema für die Modulstudienarbeit selbst frei zu wählen, mir die nötige Zeit gegeben haben, mich ausreichend damit zu beschäftigen und entsprechend an der Studienarbeit zu schreiben.

Vorwort und Danksagung

Ich habe dadurch die Lerninhalte der Module gut festigen können und außerdem viel Freude am Ausarbeiten gehabt.

Außerdem möchte ich mich ebenfalls sehr bei der Vorstandsvorsitzenden der Deutschen Bildung AG, Frau Anja Hofmann, und Ihrem tatkräftigen Team (vor allem „Weiterentwicklung Wissen-Plus") bedanken, die es mir ermöglicht haben, selbst erste Erfahrungen mit einem Webinar zu sammeln und den Praxistransfer des theoretischen Wissens herzustellen. Besonderer Dank gilt Lisa Sadlowski, die mich bei der Konzeption unterstützt und auch bei der technischen Umsetzung des Webinars begleitet hat und Sabrina Maaß für die Koordination der Kommunikation und Technik für das anschließende Transfer-Coaching. Vielen Dank auch an die Webinarteilnehmer und meine Coachees. Ihr wart sehr motiviert und es hat mir großen Spaß mit Euch gemacht.

Last, but not least, möchte ich Konrad - Vater unseres gemeinsamen Kindes - für seine Geduld und tatkräftige, sowie finanzielle Unterstützung im Masterstudium danken. Ohne ihn wäre es sehr viel schwieriger gewesen die notwendige Zeit für all die Studienarbeiten, die in einem semi-virtuellen Studienformat das „Gros" der zu erbringenden Leistungen ausmachen, zu finden. Und natürlich bedanke ich mich auch bei meinem Sohn (auch wenn er das zum jetzigen Zeitpunkt noch nicht lesen kann) für die Entbehrungen, die er in Kauf genommen hat bzw. nehmen musste.

Ich hoffe, es ist ein interessantes und hilfreiches Buch, das dem ein oder anderen Studenten oder „Young Professional" sowie dem generell interessierten Leser einen Einblick in ein mögliches Coachings-Setting gibt, die wissenschaftlichen Hintergründe dazu gut erklärt und dazu anregt dem Thema Selbstreflexion und Eigenverantwortung mehr Raum im eigenen Leben zu schenken. Für Feedback oder Rückfragen bin ich über meine E-Mail-Adresse erreichbar: dajana.morak@gmail.com.

Inhaltsverzeichnis

1. Einleitung 1

2. Selbst-, Fremdbild und Wahrnehmungspsychologie 3

   2.1 Selbstbild und Fremdbild 4

   2.2 Grundlagen und Ebenen der Wahrnehmungspsychologie 5

      2.2.1 Vorstaatlicher und staatlicher Kontext 7

      2.2.2 (Neuro)Biologischer Kontext 8

   2.3 Instrumente und Methoden 10

   2.4 Coaching vs. Psychotherapie 13

3. Anwendungsbezogenes Praxisbeispiel 15

   3.1 Pädagogischer Hintergrund 17

   3.2 Teilnehmermotivation / selbstorganisierter Lernakt 18

   3.3 Webinar und Transfer-Coaching als „erlebnisorientiertes Lernen" 19

   3.4 Ressourcen-/ kompetenzorientierter Zugang 20

   3.5 Theorie der objektiven Selbstaufmerksamkeit und sozialkognitive Theorie 21

   3.6 (Transfer)-Coaching 22

      3.6.1 Coaching-Prozess und Evaluation 23

      3.6.2 Selbstreflexion im Transfer-Coaching 26

      3.6.3 Wirkprinzipen nach Grawe (2000) 28

   3.7 Zwischenfazit und kritische Würdigung 30

4. Aktuelle Forschung und Trends von Training und Coaching (in Unternehmen) 34
4.1 Gesundheit und Arbeitsanforderungen 34
4.2 Gesellschaftliche Werte in den letzten drei Jahren 36
4.3 Eigenverantwortung und Gesundheitsverhalten 39
4.4 Modelle und Theorien zum Gesundheitsverhalten 43
4.4.1 Motivationale Modelle 44
4.4.2 Volitionale Modelle 49

5. Evaluationsforschung für Training & Coaching 52

6. Abschließendes Fazit und kritische Würdigung 57

Anhang 62

Literaturverzeichnis 82

1. Einleitung

Coaching stammt ursprünglich aus dem angloamerikanischen Raum. Der Begriff leitet sich von „Coach" (*engl.* für Trainer) ab. Seit Ende des 19. Jahrhunderts ist der Begriff Coaching in England und den USA geläufig. In Deutschland wurde er vor allem durch den Spitzen- bzw. Hochleistungssport populär (vgl. Lippmann, 2009; S. 12; von Schumann, 2013; S 217 f.).

Coaching als Beratungsdienstleistung kann sich auf private und berufliche (welche in den meisten Fällen fokussiert werden – Anm. d. Verf.) Lebensbereiche beziehen (vgl. Migge, 2007; S. 22). Der Coach versucht dem Coachee Hilfe zu Selbsthilfe zu geben (vgl. von Schumann, 2013; S. 218) und mit ihm gemeinsam Lösungen zu finden, *„die den Rollenanforderungen* (und –erwartungen – Anm. d. Verf.) *gerecht werden und gleichzeitig zur Person passen"* (Fischer-Epe, 2013; S. 21)[1].

Ein perfektes – hocheffizient durchgeführtes - Coaching oder ein hocheffektives, nachhaltiges Training lässt sich meist nur in der Literatur finden. Denn der Mensch, der Überraschungen und herausfordernde Situationen im Coaching und Training verursacht, spielt mit seinen komplexen Konstrukten aus Kognitionen und Emotionen bzw. seiner Persönlichkeit eine tragende Rolle als *eine nur bedingt voraussagbare Variable.*

Viele Interaktionsformen, Überlegungen und Methoden für das Coaching stammen aus der Psychotherapie bzw. wurden dort entwickelt (vgl. zu diesem Abschnitt Migge, 2007; S. 22 f.). Coaching ist - im Vergleich zur Psychotherapie, die ein *„Muss"* ist – eher eine explorativ-additive Maßnahme (vgl. Schmidt-Tanger, 2004; S. 14). In beiden Fällen kann jedoch (auch parallel) mit ressourcenorientierten Methoden gearbeitet werden.

---

[1] Zit. nach von Schumann, 2013; S. 218.

In diesem Buch geht es vor allem um ein ressourcen-orientiertes Coaching. Nach der Einführung in Kapitel eins werden im zweiten Kapitel Theorien zum Selbst- und Fremdbild sowie Grundlagen der Wahrnehmungspsychologie vorgestellt. Es werden außerdem entsprechende Instrumente und Methoden zur Entwicklung der Selbst- und Fremdwahrnehmung dargestellt.

Im dritten Kapitel wird das Praxisbeispiel mit der Deutschen Bildung AG (Trainingsmaßnahme mit anschließendem Transfer-Coaching) unter Berücksichtigung der voran gegangen Theorien vorgestellt, sowie dessen Verlauf detaillierter beschrieben. Dazu zählt auch die mögliche Messung zu verschiedenen Zeitpunkten mittels einer Kurzskala zur Karriere(un)sicherheit der Webinar- und Coaching-Teilnehmer. Die Messung sollte aufzeigen, ob und ggf. inwieweit die Trainings- und Coachingmaßnahme gewirkt hat. Im Praxisteil wird unter anderem die Selbstreflexion als zentrales Thema herausgearbeitet. Teil eins endet mit einer kurzen Zusammenfassung in Form eines Zwischenfazits.

Im zweiten Teil werden in Kapitel vier aktuelle Forschungsthemen und Trends für „Training und Coaching" mit einem betriebswirtschaftlichen Bezug vorgestellt. Darüber hinaus werden aktuelle gesellschaftliche Trends, Werte und Auswirkungen im Berufsumfeld sowie Gesundheitspsychologie und Gesundheitsverhalten mit einem Schwerpunkt auf Eigenverantwortung beschrieben. Gleichzeitig werden ausgesuchte Modelle und Theorien zum Gesundheitsverhalten vorgestellt.

In Kapitel fünf wird auf die Evaluationsforschung für Trainings- und Coachingmaßnahmen in Zusammenhang mit dem Praxisbeispiel eingegangen. Kapitel sechs fasst den zweiten Teil in einem Fazit zusammen und nimmt mit einer kritischen Würdigung ebenfalls Bezug auf das Praxisbeispiel.

2. Selbst-, Fremdbild und Wahrnehmungspsychologie

Beim Selbst- und Fremdbild geht es zunächst nicht nur um die physische Erscheinung. Obgleich dies oft über die Fitness- und Gesundheitsindustrie fokussiert und millionenfach in einem Massengeschäft vermarket wird (in 2015 wurden 26,7 Mrd. EUR umgesetzt - vgl. European Health & Fitness Forum, 2016). Selbst ernannte Fitness-Coachs und Trainer (wie Freeletics, Gauge Girl Training, FitnessBlender) bieten virtuell oder in persönlicher Interaktion mit dem Klienten (in Form eines „Personal Trainings" im Fitness Studio) ihre Dienste an, um die Außenwirkung und / oder das Erscheinungsbild der zahlungskräftigen Klienten – zumindest oberflächlich betrachtet durch entsprechende Work-Outs (wie mit High Intensity Training, kurz: HIT, Cardio, Yoga, Pilates, Zumba, etc.) oder Ernährungsgewohnheiten (wie „Low Carb", „Paleo", „Vegan", „Clean Eating", etc.) - zu schönen bzw. zu optimieren.

Die Wahrnehmung des Menschen geht jedoch weit über das optische Erscheinungsbild hinaus. Die Menschen erfassen sich untereinander vielmehr ganzheitlich. Gleichzeitig spielen im Allgemeinen die individuellen Erfahrungen und Prägungen eine große Rolle. Diese führen zu einer gefilterten Wahrnehmung der Umwelt, der eigenen Person und der involvierten Mitmenschen. Ein grundsätzliches Problem, welches viele Artikel und einige Studien - z. B. im organisationalen Umfeld im Rahmen einer Eignungsdiagnostik - hierzu vgl. Benit und Soellner (2013) oder einer Messung von sozialen Kompetenzen - hierzu vgl. Glitsch (2015) - belegen, ist, dass sich aus der Wahrnehmung (und meist auch aus der Beurteilung – Anm. d. Verf.) eines Selbst- und Fremdbildes eine Diskrepanz (siehe Diers, 2006; Moser, 1999) ergibt, welche sich in der Art und Weise einer subjektiven Wahrnehmung (z. B. nach von Rosenstiel, 2013) begründet. Um dies wissenschaftlich näher zu beschreiben, werden im Folgenden kurz Theorien zum Selbstbild und Fremdbild sowie der Wahrnehmungspsychologie angerissen.

2.1 Selbstbild und Fremdbild

Das Selbstbild hängt im Wesentlichen mit der Theorie der Selbstdarstellung[2] zusammen. Das Selbstbild wird gleichzeitig durch die Vorstellung des Bildes, welches sich das Gegenüber (bzw. der Interaktionspartner) macht, vermittelt und beeinflusst.

In Abgrenzung dazu steht die psychologische Selbstkonzeptforschung, welche die „*eigene Person als Einstellungsobjekt*" fokussiert und unter die Theorien des „Selbst" wie der Theorie der Selbstwahrnehmung, Selbst-aufmerksamkeit, Selbstbewusstheit und Selbstüberwachung fällt (vgl. Mummendey, 1999; S. 2 f.)

„*Man kann völlig blind für den Eindruck sein, den man auf andere macht (impression oblivion), man kann eine Art Ahnung davon haben, wie man auf andere wirkt (preattentive impression scanning), man kann sich seines Eindrucks auf andere bewußt sein (impression awareness), und man kann völlig mit Eindruck und Eindruckssteuerung befaßt sein (impression focus)*". (Mummendey, 1999; S. 1 f.)

Diese Aussagen von Mummendey spiegeln sich auch im sogenannten Johari-Fenster (welches in den 50er Jahren von den amerikanischen Sozialpsychologen Joseph Luft und Harry Ingham entwickelt wurde) wider. Der Name des Modells entstand aus den Vornamen der Erfinder. Es wird oft mit Bezug auf den blinden Fleck Anwendung angewendet. Der blinde Fleck wird von Mummendey als „impression oblivion" beschrieben. Grundsätzlich bildet dabei das unterschiedliche Selbst- und Fremdbild den referentiellen Rahmen zur weiteren Betrachtung.

---

[2] „*Individuen kontrollieren in sozialen Interaktionen den Eindruck, den sie auf andere Personen machen.*" (Mummendey, 1999; S. 1)

In weiteren Theorien und Modellen zur Beurteilung und Entwicklung von Fremd- und Selbstbildern werden u. a. Differenzwerte (wie „congruence-d" und „congruence-r" (nach Warr & Bourne, 1999) für praktische Fragestellungen und Korrelationen (siehe Selbstbild-Fremdbild-Kongruenz in Metaanalysen z. B. nach Mabe & West, 1982; Harris & Schaubroeck, 1988; Heidemeier, 2005) für beschreibende (deskriptive) Darstellungen bzw. Vergleiche herangezogen. Gleichzeitig werden darüber auch Koeffizienten als Kennzahl für Voraussagen (als Prädiktoren) und die Erstellung von Kriterien (nach Nilsen & Campbell, 1993; Atwater & Yammarino 1997; Wohlers & London, 1989; Church, 2000) (vgl. Schmidt, 2007; S. 14) gebildet, um beispielsweise Führungsverhalten zu evaluieren und entsprechend voraus zu sagen.

Nach Nowack (1997) führt eine gute Fremdbild-Selbstbild-Kongruenz zu einer erhöhten Selbsteinsicht und einem verbesserten Selbstverständnis der eigenen Stärken und Schwächen. Dies wiederrum spielt nach Ashford (1989) eine wichtige Rolle für eine erfolgreiche Verhaltensregulierung. Die Selbsteinsicht beeinflusst nach London (1995) darüber hinaus die Karriere-planung, Entscheidungsfindung sowie Zielbildung und -erreichung und führt zu positiven Arbeitsergebnissen. Positive Arbeitsergebnisse werden nach Yammarino und Atwater (1993) dadurch begründet, dass die kongruenten Selbstbeurteilungen dem Individuum dabei helfen, sich bewusster über die eigene Karriereentwicklung und Arbeitsanforderungen zu werden und folglich realistischere Zielformulierungen zu finden, als auch effektivere arbeitsbezogene Entscheidungen zu treffen (vgl. Schmidt, 2007; S. 20).

2.2 Grundlagen und Ebenen der Wahrnehmungspsychologie

Als Basis der Wahrnehmungspsychologie dienen zunächst die Sinne des Individuums. Dabei werden nach dem Existentialismus (über die Vermittlung der Sinnesorgane) Wirklichkeiten der ersten Ordnung wahrgenommen. Nach den Erkenntnissen des radikalen

Existentialismus werden Filter gesetzt, welche die Realitätswahrnehmung des Individuums, auch als deren selektive Wahrnehmung manipulieren. Diese beeinflussen das Individuum entsprechend und nehmen gleichzeitig Einfluss auf dessen Beurteilung der Realität und „Wahrheitskonstruktion" (siehe dazu Abbildung 1).

Die individuellen Normen ergeben sich aus entsprechenden „Programmen"[3], die aus Erfahrungen gebildet worden. Unter anderem entstehen dadurch entsprechende Polarisierungen, die z. B. durch Vorurteile oder auch Mechanismen wie Generalisierung, Tilgung und Verzerrung (siehe dazu Schaubild bzw. Abbildung 1) dargelegt werden. Durch Polarisierungen werden andere Subjekte als gut- oder schlechtartig bzw. sympathisch oder unsympathisch kategorisiert.

In einem gesellschaftlichen Kontext - im Sinne eines harmonischen Miteinanders - wird in der Wirtschaftsordnung (wie den Mitgliedern von Organisationen) häufig eine entsprechende Anpassung verlangt, um die Entwicklung einer Organisation oder gar einer Volkswirtschaft günstig zu beeinflussen. Eine wahrgenommene Abweichung von der Norm kann dann vom Individuum als „Unlust" empfunden werden, welche sich in einem möglichen Reaktanz-Verhalten und / oder durch andere Individuen in Form von Mobbing, durch eine vermeintliche Wahrnehmung von Inkonsistenz (Bruch einer Norm) innerhalb der sozialen Gruppe, welche diese Inkonsistenz überwinden und entsprechend beseitigen möchte, äußern kann.

---

[3] Birkenbihl (1993) bezeichnete die „*deutsche*" Einstellung zur Arbeit als ein „*Anti-Freude-Programm*". Dies ist in diesem Zusammenhang aus einer „*christlich-pietistischen*" Haltung zu verstehen, „*dass das was wichtig ist, eigentlich keinen Spaß machen darf.*" (Prange & Strobel-Eisele, 2006; S. 117 - 118).

2. Selbst-, Fremdbild und Wahrnehmungspsychologie

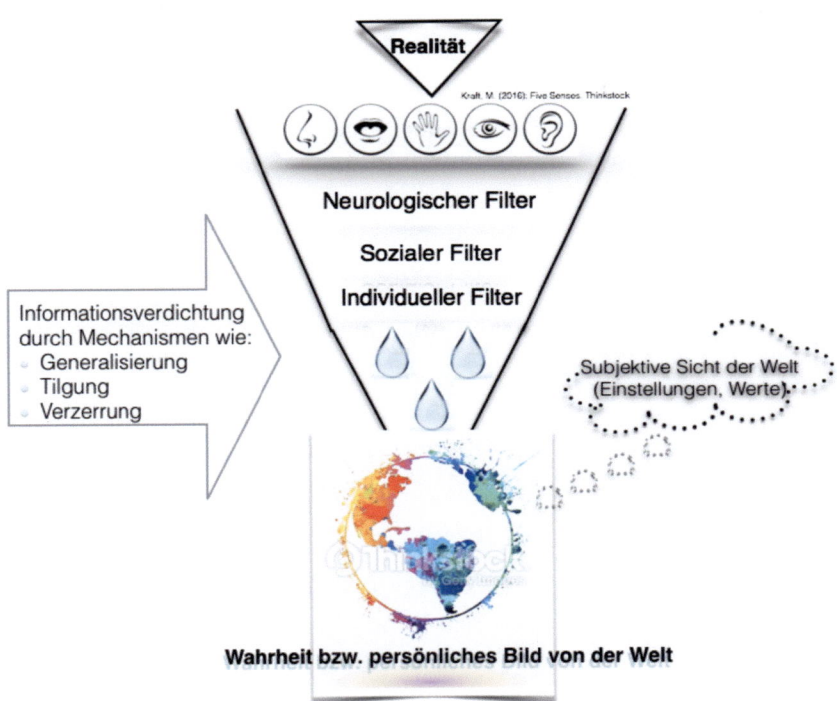

Abbildung 1: Wahrheit bzw. persönliches Bild von der Welt (Eigene Darstellung in Anlehnung an Koch (2013) mit Bildern aus Thinkstock

2.2.1 Vorstaatlicher und staatlicher Kontext

Auf einer weiteren Meta-Ebene betrachtet – in einem kollektiven vorstaatlichen Kontext - werden moralische, sittliche, traditionelle und / oder ethische Grundsätze gebildet und von den Mitgliedern der Gesellschaft (bzw. einer Kultur – siehe dazu Abbildung 11 im Anhang) zur Beurteilung der eigenen Wahrnehmung und somit einer gemeinsam bzw. nach dem (radikalen) Existentialismus (u. a.

durch Sartre (1905-1980) vertreten) „geteilten"– auch somit auch gemeinsam wahrgenommenen Realität - herangezogen, welche ebenfalls aus einem Verständnis einer gemeinsamen Kultur[4] heraus entwickelt und interpretiert wird.

Gemeinsame, kollektive Wahrheiten spiegeln sich gleichzeitig in staatlichen Systemen oder Institutionen wider. So werden beispielsweise in der Rechtsordnung der westlichen Länder (wie Europa oder den USA) mehrere Individuen für die Beurteilung einer Rechtslage herangezogen. Dies erfolgt, um sich (jeweils mehr- oder weniger einvernehmlich) auf eine Realitäts- bzw. Wahrheits(re)konstruktion zu einigen. Diese einvernehmliche Einigung mündet in einem rechtskräftigen (allgemein verbindlichen) Urteil, das sich konsequent über die Executive (mittels Staatsgewalt) auf die Realitäten und das persönliche Bild der Welt einer ganzen Gesellschaft auswirkt.

2.2.2 (Neuro)Biologischer Kontext

Andererseits wird jedoch auch davon ausgegangen, dass die Bilder von der Wahrheit oder das persönliche Bild der Welt - biologisch betrachtet - bereits ähnlich-geartete Anlagen für Prägungen oder zumindest teilweise gekoppelte und somit voraussagbare Verhaltensweisen in sich birgt. In Abgrenzung zu gesellschaftlich oder staatlich geprägten Norm[5], wird ebenfalls ein medizinischer / gesundheitlicher Aspekt herangezogen, um somit ein Individuum in „krank" (behandlungs- oder therapiebedürftig) oder „gesund" (nicht behandlungs- oder therapiebedürftig) einzuteilen. Ein gutes Beispiel hierfür ist Autismus.

---

[4] „Kultur = Summe der künstlerischen, geistigen und moralischen Werte einer Gesellschaft" (Adler & Bünting, 1993; S. 121).

[5] Im Gegenpol zur gesellschaftlichen Normierung kann man die Biologie bzw. Natur heranzuziehen, die vor allem durch ihre Vielfalt hervorsticht, um Normierung besser zu klassifizieren und folglich abzugrenzen.

Autistisch-veranlagte Menschen nehmen ihre Umwelt anders wahr als nicht-autistisch-veranlagte Menschen. Dabei wird jedoch der Autismus nicht als „Krankheit" klassifiziert, sondern als ein „Störungsbild". Interessanterweise stellt dabei meist nicht der „autistisch-veranlagte" Mensch eine Störung fest, sondern das Umfeld, welche die Abweichung von der Norm „problematisiert". Diese Störung wird meist anhand eingeschränkter oder fehlender Kommunikationsbereitschaft oder -fähigkeit seitens des Senders (dem autistisch-veranlagten Menschen) gegenüber dem Empfänger (dem nicht-autistisch-veranlagten Menschen) festgemacht.

Ähnliche Wahrnehmungsphänomene und entsprechende Aspekte lassen sich an Menschen mit Persönlichkeitsstörungen feststellen. Persönlichkeitsstörungen umfassen (und beeinflussen - Anm. d. Verf.) als Teilkonstrukt jedoch auch die Selbstwahrnehmung (vgl. Jung et al., 2010; S. 14). Menschen mit Persönlichkeitsstörungen sind im Umgang mit ihren Mitmenschen unsicher, da sie die eigenen Wahrnehmungen und Projektionen aufgrund von mangelnden Erfahrungswerten im Kontakt mit anderen nicht relativieren können (vgl. Jung et al., 2010; S. 7).

Im Zuge dessen können jedoch die Fähigkeiten der Sinnesorgane, der Intellekt und das Bewusstseins stark entwickelt sein, was bei autistischen Spektrumsstörungen ebenfalls der auftreten kann. Durch die kompensatorischen Fähigkeiten wird dieser „Mangel" jedoch zeitweilig übersehen oder kommt ggf. nicht ausschlagend zum Tragen, wenn es keine ernsthaften Störungen im Umfeld oder gar zu einem Schaden kommt.

Dies sei jedoch auch der Vollständigkeit halber erwähnt, da die psychischen Störungsbilder in den letzten Jahrzehnten in Deutschland statistisch betrachtet[6] (siehe auch Tabelle 6 im Anhang) zuge-

---

[6] *„Fast jeder dritte Erwachsene litt im Jahr 2012 an einer psychischen Störung."* (Brauer, 2016).

nommen haben. Es fällt also auf, dass Störungen in der Wahrnehmung bzw. unterschiedliche Ausprägungen in Form von differenziert beurteilten Fremdbildern (z. B. mit Blick auf ADHS) in den letzten Jahren verstärkt in den Fokus der gesellschaftlichen Diskussion gerückt sind, aber nicht problematisiert werden, so lange es funktionale Lösungsansätze gibt, die mehr oder minder ethisch vertretbar sind.

2.3 Instrumente und Methoden

Ein Instrument für die Entwicklung einer möglichst kongruenten Selbst- und Fremdwahrnehmung ist das 360-Grad-Feedback. Dabei wird nach einer Einschätzung der Persönlichkeitsmerkmale und Kompetenzen einer Fach- und Führungskraft auf allen Ebenen - d. h. Mitarbeiter, Kollegen, Projektmitglieder, Vorgesetzte, interne und externe Kunden (vgl. Pelz, 2014; S. 1) - der betrieblichen Zusammenarbeit gefragt (- siehe dazu auch Beispielfragen in Abbildung 12 im Anhang).

Weitere Maßnahmen - für eine Bestandsaufnahme des Selbstbildes und daraus möglichen Entwicklungspotentiale für ein optimiertes Fremdbild - umfassen das Messen von Persönlichkeitseigenschaften mittels Persönlichkeitstests (siehe dazu Tabelle 7 im Anhang) wie: dem Fünf-Faktoren-Modell – Big Five Inventory, dem NEO-Persönlichkeitsinventur (NEO-PI-R), dem HEXACO-Modell, dem DISG-Profil oder dem BIP (Bochumer Inventar), dem Freiburger Persönlichkeits-Inventar (FPI), dem Myers-Briggs Typen-Indikator (MBTI), dem Key 4 You – Persönlichkeitsschlüssel oder auch dem Insights (MDI Leadership-Check). Diese gleichen jedoch eher dem Charakter eines Horoskopes, da sie auf abstrakten Typologien beruhen und keine handfesten bzw. validierten Interpretationsmöglichkeiten zulassen (siehe hierzu auch „Barnum-Effekt") (vgl. Pelz, 2014; S. 8).

2. Selbst-, Fremdbild und Wahrnehmungspsychologie

Darüber hinaus werden Mitarbeiterentwicklungsgespräche (siehe dazu Tabelle 8 im Anhang mit Beispielaspekten) und Mitarbeiterumfragen (180-Grad-Feedback) als Methode für eine Entwicklung und Verbesserung der Selbst- und Fremdwahrnehmung der Mitglieder einer Organisation herangezogen.

Eine weitere - in Deutschland weniger verbreitete - und eher „holistische" Methode ist das „Dunkelretreat" (auch Dunkeltherapie, Dunkelyoga oder Dunkelmeditation genannt - vgl. Glanert, 2016). Das Dunkelretreat stammt aus der Lehre des tibetanischen Buddhismus und zielt auf die „spirituelle Erweckung" ab (vgl. Allione, 2000). Es hat ebenfalls Auswirkungen auf die Selbst- und Fremdwahrnehmung eines Individuums. (Allerdings ohne Feedbackschleifen in einem Organisationsumfeld mit zu nutzen).

Beim Dunkelretreat zieht sich der Probandt / Schüler für (mindestens) zehn Tage bis (maximal) sieben Wochen (vgl. Glanert, 2016) in völlige Dunkelheit zurück, welche jederzeit verlassen werden kann und zudem mit der Option verbunden ist, ein Außensignal geben und sich in kritischen Momenten (z. B. der Furcht, Angst oder Hysterie bzw. bei Panikattacken) Ansprache bzw. Hilfe vom Veranstalter holen zu können (vgl. Heidenberger, o. J.).

In einem gesonderten Raum werden Getränke und Nahrungsmittel von einem Therapeuten (bzw. spirituellen Geistheiler) zur Verfügung gestellt (vgl. Glanert, 2016). Diese Art der Therapie erfolgt gegen Bezahlung (z. B. 145 EUR pro Tag zzgl. etwaiger sonstiger Paschaulen und Verpflegungen).

In Kulturen, die den Dzgochen (als Teil des tibetischen Buddhismus) oder den Bön (auch: Bon) als Religion praktizieren, wird das Dunkelretreat bereits seit tausenden von Jahren in Form eines (meist kostenlosen – Anm. d. Verf.) Rituals durchgeführt, um die Sinne zu schärfen und gar spirituelle Sinne zu erwecken oder zu verstärken (vgl. Lowenthal; 2003, S. XV). Dabei stehen weniger wirtschaftliche Interessen im Vordergrund, als vielmehr die dahinterliegenden Verwurzelungen von kulturellen Werten und Maßstäben, als auch eine kollektive Potentialentfaltung, die in der jeweiligen Kultur verankert und vorgesehen wird.

In einem militärischen Zusammenhang wird das Dunkelretreat als Mittel (in Form einer Dunkelhaft) zum Zwecke der Folter eingesetzt (vgl. Robertson & Lilge-Stodieck, 2014), um den Willen des Individuums zu brechen (das Selbstbild zu schwächen) und es aufnahmebereiter für die Zwecke einer Organisation oder die politischen Ziele eines Landes (die Absorbation eines vordefinierten Fremdbildes, welche das Selbstbild überzeichnen soll) zu machen. Der Referenzrahmen ist folglich ein anderer als bei einem Dunkel Treatment und hat demzufolge völlig andere Ergebnisse, steht jedoch meist in Zusammenhang mit wirtschaftlichen und / oder politischen - weniger in Zusammenhang mit kulturellen - Interessensgruppen.

Ein weiteres Instrument für die Selbstwahrnehmung (Selbstreflexion) bzw. für ein ergebnisorientiertes Selbstbild ist das Coaching. Coaching kann helfen Stärken, aber auch Inkonsistenzen von Eigenschaften und Arbeitsanforderungen aufzudecken und mit geeigneten Methoden zu überbrücken (vgl. De Fruyt et al., 2013; S. 20).

In Bezug darauf wurde von der Autorin ein Trainingskonzept konzipiert, welches auf einem Coaching basiert, das die Ressourcen und Stärken der Teilnehmer fokussiert. Das Training soll dabei sowohl mittels Fragen auf die Selbstwahrnehmung und -wirkung abzielen (indem die Teilnehmer gezielt nach einer Beurteilung und Zuschreibung bestimmter Ressourcen und Stärken gefragt werden), als auch der Fremdwahrnehmung und -wirkung dienlich sein; im Sinne einer Beurteilung diese Ressourcen und Stärken durch andere (z. B. dem Trainer, anderen Teilnehmern, Mitmenschen aus dem direkten Umfeld).

Der ressourcenorientierte Ansatz ist in Form einer „*vorausspringenden Fürsorge*" (nach Heidegger (1986) – vgl. Vierus, 2004; S. 153 f.)[7] (für die Teilnehmer und Coachees - Anm. d. Verf.) zu verstehen und dient der Selbsterkenntnis und Befreiung zu einem erfolgreichen und selbstverantwortlichen Handeln (vgl. Riedenauer, 2004; S. 369).

2.4 Coaching vs. Psychotherapie

Coaching soll dabei helfen, die individuelle Selbstregulation einer Person (dem Coachee – Anm. d. Verf.) zu verbessern. Dabei wird das Erleben und noch stärker das Verhalten, unter Berücksichtigung von möglichen Wechselwirkungen (wie organisationale Rahmenbedingungen, Ziele und Aufgaben, soziales Situation und Handeln) mit der Umwelt, des Coachee fokussiert (vgl. Scherm & Scherer, 2011; S. 136).

Es umfasst zwar Methoden, die häufig psychotherapeutischen Ursprungs[8] sind (vgl. Lippmann, 2009; S. 29), ist jedoch „*für schwerwiegende psychische Probleme* (mit den entsprechenden Symptomen und ggf. einer Klassifizierung nach ICD-10-GM) *ungeeignet*" (vgl. Lippmann, 2009; S. 32).

Bei der Psychotherapie steht das Leiden und die Befreiung der damit verbundenen Symptome, sowie „*das (Wieder-)Erlangen psychischer Gesundheit*" im Vordergrund.

---

[7] Zit. durch Riedenauer, 2004; S. 369.
[8] Zu den Beratungsansätzen mit therapeutischen Kontext zählen: der psychodynamische, gesprächstherapeutische, klientenzentrierte, gestalttherapeutische, transaktionstherapeutische und der systemisch-lösungsorientierte Ansatz sowie die rational-emotive Therapie bzw. Verhaltenstherapie (vgl. Lippmann, 2009; S. 20).

Coaching kann allenfalls im Nebeneffekt positiv auf die Eliminierung von Symptomen einwirken, fokussiert jedoch die Rollen im beruflichen (und zum Teil auch im privaten – Anm. d. Verf.) Kontext (vgl. Lippmann, 2009; S. 33).

Darüberhinaus ist das Coaching als kurz- bis mittelfristige Maßnahme angesiedelt, die auch größere Abstände zwischen den einzelnen Sitzungen vorsieht und sich daher durch den im Verhältnis kürzer angelegten Zeithorizont[9], also auch den Abständen zwischen den Einzelsitzungen (vgl. Lippmann, 2009; S. 32) und Dauer der Sitzungen[10] maßgeblich von der Psychotherapie unterscheidet.

Außerdem behält der Coachee die Verantwortung für sein Handeln. In der Psychotherapie übernimmt dies hingegen der jeweilige Therapeut „*je nach Therapieverständnis und ... Schwere der Symptomatik ... in starkem Maß Verantwortung nicht nur für den Prozess, sondern auch für Inhalt und Ablauf ...*" (vgl. Lippmann, 2009; S. 34).

Obgleich der Coachee in einer starken Eigenverantwortung für die Erreichung seiner Ziele und Entwicklung seiner (Eigen-)Lösung steht, sollte der Coach ihn - in Anbetracht eines ganzheitlichen Dienstleistungsgedankens des Coachings - auf seiner Ebene abholen und seine Präferenzen, als auch Grenzen berücksichtigen. Gleichzeitig sollte er den Coachee aber auch (heraus) fordern, um ihn damit gleichzeitig in seiner Entwicklung zu fördern. Hilfreich beim Coaching (und auch beim Training) ist besonders die Reflexionsarbeit.

---

[9] Eine Kurzzeittherapie umfasst 25, eine Langzeittherapie 45 bis 50, eine Verhaltenstherapie maximal 80, eine tiefenpsychologisch fundierte Psychotherapie bis zu 100 und eine psychoanalytische Psychotherapie kann bis zu 300 Sitzungen umfassen (vgl. Deutsche Psychologen Akademie GmbH o. J.).
[10] Eine Einzel-Coachingsitzung dauert zwischen 60 und 90 Minuten, die psychotherapeutische Einzelsitzung hingegen regulär 50 Minuten (vgl. Deutsche Psychologen Akademie GmbH o. J.).

3. Anwendungsbezogenes Praxisbeispiel

Das Webinar wurde am 24.09.2015 mit dem Titel: „Der Schlüssel zum Erfolg liegt in DIR! Stärken- und Ressourcenanalyse für die nächsten wichtigen Karriere-Schritte" durchgeführt. In der Konzeption des Trainings für die Deutsche Bildung AG wurde auf ein Arbeitsblatt zurück gegriffen, welches bereits in einem anderen Webinar der Deutschen Bildung AG im Zuge des Jahressymposiums 2014 von Frau Ochs vorgestellt wurde (siehe dazu Tabelle 9 im Anhang) sowie auf die biographischen Leitfragen nach Triebel (2015) (siehe dazu Tabelle 10 im Anhang). Die biographischen Leitfragen wurden der Autorin und ihren Kommilitonen (des Masterstudienganges der Wirtschaftspsychologie) im Zuge einer Präsenzveranstaltung in 2015 im Modulfach „Selbst- und Fremdwahrnehmung und –wirkung" von Herrn Prof. Dr. Triebel vorgestellt.

Gleichzeitig spielte für das Webinar als formaler / akademischer Hintergrund das erfahrungsorientierte Lernen eine Rolle, da im Zuge der Ressourcenarbeit auf die Erfahrungswerte und -welten (siehe hierzu nachfolgende Tabelle 1) der insgesamt 25 Teilnehmer zurückgegriffen wurde, die allesamt aus einem akademischem Umfeld stammten und bislang eine eher pädagogisch geprägte Laufbahn durchschritten hatten.

Nach einer Studie von Hampson und Woods (2010) beeinflussen die Ausprägungen der Persönlichkeitseigenschaften bereits in der Kindheit die Entwicklung von Berufsinteressen. Dies erklärt sich anhand bestimmter Persönlichkeitseigenschaften (besonders mit Hinblick auf Offenheit, Gewissenhaftigkeit und Extraversion), welche Kinder dazu bewegt gewisse Aktivitäten anderen vorzuziehen und dadurch spezifische Kompetenzen zu erwerben, die sich dann in späteren beruflichen Interessen niederschlagen (vgl. zu diesem Abschnitt De Fruyt et al., 2013; S. 9).

Die Ausprägungen und korrespondierenden Berufsinteressen, u. a. in Form von Stärken (oder bereits entwickelten Kompetenzen) lassen sich entsprechend in den institutionellen und privaten Lern- und Erfahrungswelten der Webinarteilnehmer (und auch Transfer-Coachees) verorten.

Lern- und Erfahrungswelten	
Institutionell	**Privat**
Vorschulisch: Kindertagesstätten / Kindergärten	Familiär: Herkunftsfamilie, eigene Familie bzw. Elternschaft, Paarbeziehungen
Schulisch: Grundschule, weiterführende Schulen, Fachschulen	Erweitertes privates Umfeld: Freundes- und Bekanntenkreis
Akademisch / hochschulisch: Fach- / Fernhochschulen, Universitäten, (Berufsakademien)	Interessensorientiert: Ehrenamtliches Engagement außerhalb von Organisationen (wie Nachbarschaftshilfe) und Hobbys, Reisen
Beruflich: Praktika, ehrenamtliche Tätigkeiten in Vereinen oder Verbänden, Ausbildungen	Privater Lebensmittelpunkt: Wohnorte und Aufenthalte im In- und Ausland

Lern- und Erfahrungswelten	
Institutionell	**Privat**
Professionell ausgerichtet: Organisationen (Betrieben, Konzernen), Geschäftsreisen	Schicksalsmomente: Trennungen, Krankheiten, private Verluste, Unfälle
Organisationsübergreifend: Fort- und Weiterbildungen, Netzwerke	

Tabelle 1: Lern- und Erfahrungsräume (Eigene Darstellung in Anlehnung an Ochs, 2014)

3.1 Pädagogischer Hintergrund

Das Webinar wurde von der Deutschen Bildung im Rahmen des ideellen Fördergedankens (im Zuge eines selbstorganisierten Lernaktes - basierend auf dem konstruktivistischen Lernparadigma des *„situierten Lernens"* - vgl. Glaserfeld, 1987[11]) für Studenten und ehemalige Geförderte (meist bereits Young Professionals) angeboten.

Die Pädagogik [altgriechisch von paideia = Erziehung, Bildung (vgl. Stein; 2009; S.11) und paidia = das Spiel (vgl. Prange & Strobel-Eisele, 2006; S. 116)] bezeichnet jede Weiterentwicklung des Menschen im Zuge von Bildungs- und Erziehungsprozessen (vgl. Stein, 2009; S. 11 - 13). Das Praxisfeld des erfahrungsorientierten Lernens, welches sich auch in Trainings- und Coaching-Designs wiederfinden lässt, stammt (originär – Anm. d. Verf.) aus der Erlebnispädagogik.

---

[11] Zitiert durch Prange & Strobel-Eisele, 2006; S. 109.

Es zählt als Subdisziplin zum Bereich der Sonderpädagogik. Erlebnispädagogik ist aus der Selbstreflexion von Teilpraktiken entsprungen und zudem als praktische Wissenschaft einzuordnen (vgl. Derbolav, 1987; S. 13).

Der pädagogische Nutzen kommt zum Tragen, sobald Angebote unterbreitet werden, die der Lernende nach seinen subjektiven Neigungen und Gegebenheiten für sich in einem *„selbstorganisierten Lernakt"* (ähnlich wie bei einem Blended Learning über eine Hochschule bzw. Institution - Anm. d. Verf.) erkenntnisgewinnend nutzen kann (vgl. Prange & Strobel-Eisele, 2006; S. 109).

3.2 Teilnehmermotivation / selbstorganisierter Lernakt

Der selbstorganisierte Lernakt, der mit einem ausreichenden *„Aufforderungscharakter"* (vergleichbar mit einem Kaufanreiz für den Konsumenten - Anm. d. Verf.) einher geht (vgl. Prange & Strobel-Eisele, 2006; S. 109), basiert auf dem konstruktivistischen Lernparadigma des *„situierten Lernens"* (vgl. Glaserfeld, 1987[12]). Der Lernende entscheidet, ob und was er lernen möchte (vgl. Heid, 2001[13]).

Dies ist bzw. war gleichzeitig ein wichtiges Motiv für die Teilnehmer des Webinars. Eine notwendige Voraussetzung für eine Lernerkenntnis aus dem selbstorganisierten Lernakt beim Arrangieren und der Setzung eines Anreizes, ist auch die Berücksichtigung des Selbstbezuges (siehe hierzu auch vorhergehende Tabelle 1). Dabei spielt auch die individuelle Einstellung zu und Bedeutungsgebung von Erlebnissen und Erfahrungen eine tragende Rolle (vgl. Prange & Strobel-Eisele, 2006; S. 110; Fischer & Lehmann, 2009; S. 26).

---

[12] Zitiert durch Prange & Strobel-Eisele, 2006; S. 109.
[13] Zitiert durch Prange & Strobel-Eisele, 2006; S. 109.

Man kann vor diesem Hintergrund davon ausgehen, dass die Teilnehmer des Webinars und auch die Nutzer des späteren Einzel-Transfer-Coachings einen angemessenen Selbstbezug und entsprechende intrinsische Motivation - vermutlich durch vergangene Erlebnissen aus ihren individuellen Lern- und Erfahrungsräumen - einbrachten, die das Zustandekommen des Webinars durch eine positive Einstellung und Wertschätzung des Angebotes erst ermöglicht haben. Das Webinar wurde unentgeltlich angeboten und die Teilnahme war freiwillig. Unter Berücksichtigung von „Kundenkategorien" (in Anlehnung an De Shazer, 1982; Lippmann, 2013; S. 16 f.) kann man die Teilnehmer des Webinars und beiden späteren Coachees als „echte Kunden" klassifizieren (siehe dazu Tabelle 12 im Anhang).

3.3 Webinar und Transfer-Coaching als „erlebnisorientiertes Lernen"

Das erlebnisorientierte Lernen unterliegt aus einer gesamtpädagogischen Sicht betrachtet dem *„pädagogischen Akt"*. Als pädagogischen Akt bezeichnet man *„die Begegnung / das Miteinanderhandeln"* von mind. (Anm. d. Verf.) zwei Personen, wobei eine Person einen höheren Reife- oder Kompetenzgrad aufweist und dem / den (Anm. d. Verf.) Educanden partnerschaftlich mit *„Absicht der Förderung"* Aufgaben stellt, welche vom Educanden (Anm. d. Verf.) in *„selbst zu leistender Bewältigung"* zu einem Lerngewinn (bzw. Erkenntnisgewinn, Anm. d. Verf.) führen sollen (zu diesem Absatz Derbolav, 1987; S. 15).

In diesem Kontext ist, dem nach der Trainer, bzw. die Autorin als Webinarleiterin, in einem partnerschaftlichen Kontext dafür zuständig, den Teilnehmern bewältigbare Aufgaben zu stellen (d. h. eine Reflexion der eigenen Handlungskompetenz anhand von Leitfragen nach Ochs (2014) und Triebel (2015) - siehe Tabellen 9 und 10 im Anhang).

Diese Aufgaben sollten durch die Anwendung zu einem im Flow[14] entstandenen Erkenntnisgewinn bzw. einem *„Wachsen von Kompetenzen durch die Gestaltung von Erlebnissen mit wachsendem, aber an die individuellen Kompetenzen angepasstem Herausforderungscharakter"* (vgl. Herms & Hütter, 2011) führen.

Dies erfolgte durch die Erstellung eines reflexionsorientierten Selbstbildes unter Berücksichtigung der Handlungskompetenz (bestehend aus der Persönlichkeits- und Sozialkompetenz, Fach- und Methodenkompetenz) als Individuum im sozialen und beruflichen Netzwerk (siehe dazu Tabelle 11 im Anhang).

3.4 Ressourcen-/ kompetenzorientierter Zugang

Durch die Erstellung eines Kompetenzenprofils (siehe Tabelle 11 im Anhang) und die Durchführung einer Potentialanalyse (siehe hierzu auch Hesse & Schrader, 2010) (z. B. anhand der Leitfragen nach Ochs (2014) und Triebel (2015) siehe Tabellen 9 und 10 im Anhang - Anm. d. Verf.) soll ein *„Bewusstsein für die Vielschichtigkeit der professionellen, fachlichen wie sozialemotionalen Kompetenzen"* erreicht werden, was zu einer Stärkung des Selbstwertgefühls (und somit auch des Selbstwirksamkeitserlebens - Anm. d. Verf.) führen sollte (vgl. Klinkhammer & Saul-Soprun, 2009; S. 176).

Beim kompetenzorientieren Zugang geht es vor allem um formell (z. B. um die im Rahmen der beruflichen und akademischen Ausbildung erworbenen Kompetenzen) und um „informell" Ge-/ Erlerntes (z. B. im Zuge des Rollenhandelns im privaten Umfeld und durch das berufliche Netzwerk).

Darüber hinaus wird auch der Gesamtkontext mit einer Zielorientierung und einer nachhaltigen Strategie gesehen, in dem die Kompetenzen möglichst gewinnbringend für die Karriereplanung ein-

---

[14] Siehe hierzu auch Hüther, 2009.

gesetzt werden können. Durch die Fokussierung auf die Handlungskompetenz kann systematisch herausgearbeitet werden, welche Bereiche Ressourcen aufweisen, um ggf. „*ein Gegengewicht zu den eher als defizitär erlebten Bereichen*" zu schaffen (vgl. Klinkhammer & Saul-Soprun, 2009; S. 175 f.).

So kann beispielsweise eine sehr eigenständige bzw. auf sich selbst fokussierte Arbeitsweise im sozialen Netzwerk durchaus wertgeschätzt, im beruflichen Umfeld aber, je nach Arbeitsanforderung und Arbeitsumfeld (z. B. einer Tätigkeit, die eine hohe Abstimmungs- und Kommunikationsfrequenz aufweist) als schwierig wahrgenommen werden.

Gleiches kann umgekehrt eine hohe Durchsetzungsfähigkeit (z. B. bei gruppenbasierten Entscheidungen für Freizeitaktivitäten) im sozialen Netzwerk eher kritisch beurteilt werden, wird aber in einem entsprechenden beruflichen Kontext (z. B. bei einem Manager in einer Sanierungssituation aufgrund von wirtschaftlichen Missverhältnissen) durchaus honoriert, wenn nicht sogar eingefordert.

3.5 Theorie der objektiven Selbstaufmerksamkeit und sozialkognitive Theorie

Gerade mit Blick auf die Karriereplanung kann das Webinar im Zuge der Theorie der objektiven Selbstaufmerksamkeit nach Duval und Wicklund (1972) auf einen Erkenntniszuwachs hinsichtlich eines vollständigeren Selbstbildes betrachtet werden, die im Zuge dessen ggf. sogar auf eine mögliche Verhaltensänderung hinaus läuft. Der Fokus auf die Bewusstwerdung der eigenen Handlungskompetenz zieht eine verstärkte Selbstbeobachtung und Verhaltensanpassung nach sich.

Dies kann sich dann in einem verbesserten Selbstbild und einer verbesserten Selbstwahrnehmung äußern, welche ebenfalls in einer optimierten Fremdwirkung und Fremdwahrnehmung münden kann. Da auch anderen (im Umfeld) das veränderte Selbstbild auffällt.

In jedem Fall greift jedoch die sozialkognitive Theorie – Social Cognitive Theory (SCT) von Bandura (2004) (siehe dazu auch im Teil 2, u. a. Kapitel 4.4.1.1). Mit Hinblick auf die Handlungskompetenz wird dabei die Selbstwirksamkeitserwartung zentral, da die Kompetenzen direkt Einfluss auf die Intensionsbildung und zu erwartende Verhaltensänderung nehmen (vgl. Lippke & Renneberg, 2006; S. 40). Bei der sozialkognitiven Theorie stehen die Intentionen als Ziele im Vordergrund. Diese entscheiden maßgeblich über das künftige Verhalten. Durch die Intention wirken das Wissen um beispielsweise Handlungskompetenzen, die Selbstwirksamkeits-, sowie die (Handlungs)-Ergebniserwartung, als auch soziokulturelle (behindernde und unterstützende) Faktoren auf das Verhalten. Hier ist der Einfluss der Kompetenzerwartung (Selbstwirksamkeitserwartung) auf das Verhalten sehr hoch.

Das Wissen über die eigenen Handlungskompetenzen (Anm. d. Verf.) wirkt sich im Lebens- und Arbeitsstil (Anm. d. Verf.) aus. Sobald dieser Zusammenhang verstanden wird, hat dies unmittelbaren Einfluss auf die eigene Lebens- und Arbeitsweise (Anm. d. Verf.). Durch eine Veränderung der Zielsetzung (siehe dazu auch Abbildung 8), kommt es zudem zu einer Verhaltensänderung (vgl. Lippke & Renneberg, 2006; S. 42). Dies hat wiederrum Einfluss auf die Fremdwirkung und –wahrnehmung und ergo das Selbstbild und die Selbstwirkung.

3.6 (Transfer)-Coaching

Im Zuge des Webinars wurde auch ein kostenloses Coaching als Transferhilfe für drei Teilnehmer angeboten, die sich im Anschluss an das Webinar dafür interessierten.

Ein Coaching fand am 23. Oktober 2015 und ein weiteres am zweiten. November 2015 statt, um den Transfer des Erlernten zu sichern. Ein dritter potentieller Coachee sagte kurzfristig ab. Das (Transfer)-Coaching, war vor allem dazu gedacht die Inhalte des Webinars zu vertiefen, den Transfer in den Alltag zu erleichtern[15] und durch die Eigen-reflexion der beiden Coachees mittels eines „Weiterfragens" durch den Coach und entsprechenden Perspektivenwechsel (via das webbasierte 1:1-Coaching über eine elektronische Plattform) die weitere Karriereplanung der Coachees zu unterstützen.

3.6.1 Coaching-Prozess und Evaluation

Das Webinar umfasste im Gegensatz zum nachfolgenden Coaching (bei dem jeder Coachee ein eigenes Thema einbringen konnte, welcher jedoch thematisch auf die eigene Karriereplanung abzielte) als Anlass eine Stärken- und Ressourcenplanung mittels Lebenslaufmodell und einem Monodrama (zum Monodrama siehe auch Abbildung 13 im Anhang).

Für das Transfer-Coaching wurde ein Gespräch pro Coachee im Umfang von bis zu 90 Minuten geführt und mit dem individuellen Kompetenzen-profil (welches der Coachee zunächst als Hausaufgabe in Eigenreflexion ausgefüllt hatte) weitergearbeitet.

Die Gespräche begannen mit einem „Abholen" des Coachee und neben dem Erfragen der allgemeinen Befindlichkeit auch mit einem Abfragen von möglichen weiteren Themen, Inputs zum Webinar (welches als prozessuale Aktivierung diente) sowie den bereits erfolgten Transfer(möglichkeiten) im Alltag.

Des Weiteren wurde gezielt über die individuelle Zielsetzung des Coachee gesprochen und ein Lernen am Erfolg (mit Blick auf die

---

[15] In einer Benchmarkstudie von 2007 zum transferorientierten Bildungsmanagement vom Swiss Center for Innovations in Learning (SCIL) mit 33 Unternehmen ergab sich: „*77 Prozent der Seminarteilnehmer gelingt es nicht, gelernte Inhalte in ihren Arbeitsalltag zu transferieren.*" (Martens, 2007).

eigenen Ressourcen bzw. Stärken) gezielt thematisiert, um eine gezielte Ressourcen-aktivierung zu erreichen.

Abbildung 2: Coaching-Prozess - typischer Ablauf
(Eigene Darstellung)

Für die Auswertung des Webinars und des späteren Transfer-Coachings hinsichtlich einer Wirkungsweise des Trainings auf die Webinarteilnehmer, wurde außerdem die nachfolgende Kurzskala (Tabelle 2) zur Evaluierung der Karriereunsicherheit herangezogen, die aus der Kurzskala der Drei-Länder-Studie (Deutschland, Österreich und der Schweiz) von Höge, Brucculeri und Iwanowa (2012; S. 172) entliehen wurde.

Gemessen wurde die Karriereunsicherheit zu jeweils fünf Zeitpunkten (siehe hierzu Tabelle 3). Zunächst wurde zu einer Teilnahme aller 25 Webinar-Teilnehmer direkt vor dem Webinar, dann unmittelbar danach sowie erneut nach ca. 4 Wochen zu einer Evaluierung der Karriere-Unsicherheit via E-Mail aufgefordert. Zusätzlich wurden die beiden Coaching-Teilnehmer unmittelbar vor nach dem Transfer-Coaching, sowie erneut nach vier Wochen online befragt. Die Datenerhebung erfolgte via web-basiertem Fragebogen von

Ende September 2015 (23.09.2015) bis Anfang Dezember 2015 (04.12.2015).

Nummer	Item
1	Ich bin mir sicher, dass ich meine Karriereziele erreichen werde. *(umgepolt)*
2	Es ist für mich schwierig, meine berufliche Zukunft zu planen.
3	Ich schätze meine berufliche Zukunft als sicher ein.
4	Ich mache mir häufig Gedanken, wie es mit meiner beruflichen Zukunft weitergehen wird.

Tabelle 2: Kurz-Skala zur Karriereunsicherheit (Eigene Darstellung in Anlehnung an Höge et al., 2012; S. 172)

Bezeichnung	Messzeitpunkt
Pre-Test (vor dem Webinar)	Unmittelbar **vor** dem Webinar (23.09.2015)
Post-Test I (nach dem Webinar)	Unmittelbar **nach** dem Webinar (24.09.2015 bis 27.09.2015)
Post-Test II (nach dem Webinar) und Pre-Test (vor dem Transfer-Coaching)	Ca. 4 Wochen nach dem Webinar, unmittelbar vor dem Coaching (24.10.2015 bis 29.10.2015)

Bezeichnung	Messzeitpunkt
Post-Test III (nach dem Transfer-Coaching)	Unmittelbar nach dem Coaching (29.10.2015 bis 04.11.2015)
Post-Test IV (nach dem Transfer Coaching)	Ca. 4 Wochen nach dem Transfer-Coaching (30.11.2015 bis 04.12.2015)

Tabelle 3: Messzeitpunkte zum Webinar und Transfer-Coaching (Eigene Darstellung)

3.6.2 Selbstreflexion im Transfer-Coaching

Bei der Reflexionsarbeit sollte darauf geachtet werden, die Tiefe an den Möglichkeiten des Coachees auszurichten (vgl. Rutkowski, 2015; S. 8). Laut Kastner (2006; S. 110). Es ist entscheidend, wo der Coachee abgeholt wird und was er in seiner aktuellen Lebenssituation verarbeiten kann. Außerdem wie die gewünschten Lernprozesse initiiert werden und wie die Nachhaltigkeit eines gewünschten (neuen absichtsgeleiteten – Anm. d. Verf.) Verhaltens gewährleistet werden könnte.

Der Reflexionsprozess unterliegt einer „*nicht-linearen Eigendynamik*" und wird „*im gemeinsamen Tun generiert*", indem man ein Ergebnis nicht vordefinieren kann. Dies fordert eine Ergebnisoffenheit und Reaktion auf entsprechende Impulse (des Coachee – Anm. d. Verf.) mit hilfreichen Steuerungsinstrumenten (entsprechenden Coaching-Methoden – Anm. d. Verf.). Es gibt die Möglichkeit in der Reflexion auf offensichtlich vorhandene Themen näher einzugehen (welches im Rahmen eines Coachings durch den Coaching-Anlass vom Coachee benannt werden kann – Anm. d. Verf.) oder in ein Thema, welches (noch – Anm. d. Verf.)

unter der Oberfläche liegt, *"einzutauchen"* (vgl. zu diesem Absatz Rutkowski, 2015; S. 7).

In Bezug auf das Webinar wurde daher gleich zu Beginn via Chat-Funktion die Wahrnehmung der Teilnehmer hinsichtlich eines „Coachings" abgefragt und abgeprüft, ob und wieweit diese bereits auf Coaching-Vorerfahrungen zurückgreifen können.

Im Transfer-Coaching wurde dies zudem erneut aufgegriffen und durch einen eigen gesetzten Anlass seitens des Coachee noch weiter vertieft, um ggf. Themen anzugehen, welche „unter der Oberfläche" schlummern und um die Komfortzone eines rein „konsumierenden" Lernens (wie es so oft in der Schule bzw. Hochschule vorzufinden ist) zu verlassen. Erfahrungen außerhalb der eigenen Komfortzone spielen für den Lernprozess eine sehr wichtige Rolle (vgl. Lipfert, 2013).

Es sollte jedoch vermieden werden, dass sich ein Coachee *"sozial, emotional, körperlich oder geistig bedroht"* fühlt (Lipfert, 2013; S. 131), um ihn nicht in eine Panikzone zu führen (siehe Abbildung 3).

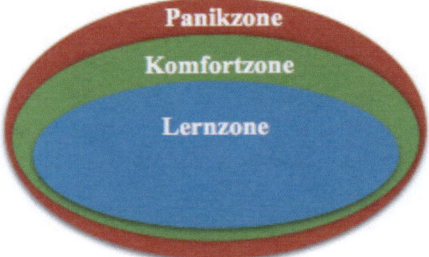

Abbildung 3: Lernzonenmodell (Eigene Darstellung in Anlehnung an Senninger, 2000; S. 26[16])

---

[16] Zit. durch Lipfert, 2013.

Colquitt, LePine und Noe (2000)[17] geben sogar zu bedenken, dass dies negative Auswirkungen auf den Lernprozess und späteren Lerntransfer habe. Nach Csikszentmihalyi (2009) geht es für einen optimalen Lernprozess um die Erreichung und Aufrechterhaltung eines „Flow-Zustandes". Und Kastner (2006; S. 116) fordert, dass der Coachee Spaß am Lernen haben sollte.

Um bei den Teilnehmern in diesem Zusammenhang für etwas Sicherheit zu sorgen, wurde daher schematisch zu Beginn des Webinars der Ablauf eines Coachings dargestellt und erläutert (siehe hierzu entsprechende vorhergehende Abbildung 2). Im Transfer-Coaching wurde der Zustand des Coachee durch ein wiederholtes Nachfragen seitens des Coachs (bzw. der Autorin) im Auge behalten.

3.6.3 Wirkprinzipen nach Grawe (2000)

Grundlage für die strukturierte Gesprächsführung war methodisch die Forschung nach Grawe (2009), vor allem mit Hinblick auf die Wirkprinzipen und jeweiligen Auswirkungen (siehe Tabelle 4).

Prozessuale Aktivierung	Ressourcen-aktivierung	Intensions-wirkung	Intensions-reaisierung
Narrative Beschäftigung mit der eigenen Biographie	Belohnung durch (Selbst)aufmerksamkeit	Perspektivenwechsel durch die Arbeit mit einem Coach	Lernen am neuen Erfolg
Sprachliche Fixierung des Gedachten	Kognitive und schriftliche Fixierung	Kognitive und schriftliche Festlegung der Ziele	

---

[17] Zit. durch Hutchins, 2009; S. 71.

Prozessuale Aktivierung	Ressourcenaktivierung	Intensionswirkung	Intensionsreaisierung
Strukturierung der eigenen Gedanken	Lernen am Erfolg		
Selbstreflexion	Selbstreflexion	Selbstreflexion	

Tabelle 4: Wirkprinzipen im Coaching (Eigene Darstellung in Anlehnung an Ebner & Triebel, 2010; S. 12)

Durch die Festlegung und zeitliche Fixierung der Ziele während des Coachings wurde die Intensionswirkung angestoßen, welche von jedem Coachee individuell eigeninitiativ weiterverfolgt (und in möglichen Folgesprächen hätte noch evaluiert und angepasste werden können, um die Intensionswirkung und eine weitere Feedbackschleife zu ermöglichen). Es zeigt damit handlungsrelevante Konsequenzen auf und ermöglicht gleichzeitig durch die damit neu gewonnenen Erkenntnisse ein Lernen am „neuen (fiktiven) Erfolg".

Für die Intensionsrealisierung wurde darüber hinaus die Methode des Monodramas nach Reichel und Rebenstein (2001) gewählt (siehe dazu Abbildung 13 im Anhang mit Leitfragen). Das Monodrama dient im Zuge der Intensionsrealisierung vor allem der motivationalen Klärung und der aktiven Hilfe zur Problembewältigung.

Es werden dabei verschiedener Blickwinkel durch Rollen- bzw. Situationswechsel aufgezeigt und mit Ausschnitten aus dem Lebensalltag, der Vergangenheit, Zukunft und ggf. im Rahmen einer Fiktion gearbeitet, um im Anschluss gemeinsam von Coach und Coachee reflektiert zu werden (vgl. Reichel & Rebenstein, 2001; S. 79). Es zeigt damit handlungsrelevante Konsequenzen auf und ermöglicht gleichzeitig durch die damit neu gewonnenen Erkenntnisse ein Lernen am „neuen (fiktiven) Erfolg".

3.7 Zwischenfazit und kritische Würdigung

In Bezug auf das Praxisbeispiel wurde es den Teilnehmern beim Webinar und auch im späteren Transfer-Coaching selbst überlassen, ein für sie möglichst kongruentes Selbst- und Fremdbild zu erarbeiten. Für die prozessuale Aktivierung und zur Unterstützung der narrativen Beschäftigung mit der eigenen Biographie zwecks Verbesserung des Selbstbildes und damit einhergehenden Selbstwahrnehmung wurde im Zuge der Vorabüberlegung zum Training bzw. der Teilnehmeranalyse und Trainingskonzeption ein 360-Grad-Feedback oder Mitarbeiterentwicklungsgespräch als Instrument ausgeschlossen, dass es sich bei den Teilnehmern erfahrungsgemäß nicht um Fach- und Führungskräfte, sondern überwiegend um Studierende handelte, die größtenteils noch relativ wenig Erfahrungen im Berufsleben gesammelt hatten.

Auf eine Messung von Persönlichkeitseigenschaften mittels Persönlichkeitstests wurde ebenfalls verzichtet, da die Messung zu eindimensional gewesen wäre und wenig Möglichkeiten für einen Dialog für die (Weiter)-Entwicklung eines ergebnisorientiertes Selbstbildes geboten hätte. Zudem sind Persönlichkeitseigenschaften im Allgemeinen nur bedingt veränder- und ausbaufähig.[18]

Die Selbstverwirklichungstheorie nach Kurt Goldstein (Goldstein, 1939; 1963) besagt jedoch, dass alle lebenden Organismen kontinuierlich ihre Potentiale auch unter ungünstigen Bedingungen selbstverwirklichen (vgl. Witty, 2007; S. 36).

---

[18] Bei Persönlichkeitsstörungen kann sich eine entsprechende Veränderung sogar als schwierig bis unmöglich gestalten (vgl. Dammann, 2014).

Man kann also davon ausgehen, dass sich die Teilnehmer langfristig selbstverantwortlich um ihre eigene persönliche Entwicklung kümmern. Durch Testverfahren können sie zusätzlich punktuell selbstständig verorten, welche Merkmale sie aufweisen und ggf. weiter entwickeln möchten. Im Zuge dessen wurde ein Arbeitsblatt ausgegeben, welches verschiedene Testverfahren auflistet und kurz beschreibt (siehe dazu auch Tabelle 7 im Anhang).

Unterstützung bei der Selbstwahrnehmung kann darüber hinaus eine zusätzliche Perspektive (z. B. durch eine Coach) oder methodische Hilfen (wie den genutzten Leitfragen im Webinar) bei der Aufdeckung von Selbstwahrnehmungsdefiziten bieten.

Für die Bearbeitung von Selbstwahrnehmungsdefiziten können zum Abgleich vom eigenen Selbst- und Fremdbild des Coaches auch Testverfahren herangezogen werden, welche das Selbst- und Fremdbild untersuchen.

Um die Neigung (z. B. aufgrund narzisstischer Veranlagungen) sich selbst möglichst positiv darzustellen und / oder die soziale Erwünschtheit (in Anlehnung an Lück und Timaeus (1969) bzw. dem „Social Desirability Response Set" (oder auch „Social Desirability Scale") nach Edwards (1957), die Verteidigung des Selbstbildes (vgl. Schmidt, 2007; S. 23) möglichst gering zu halten, kann beispielsweise das Inventar zur Messung sozialer Kompetenzen in Selbst- und Fremdbild (ISK-360°[19]) (vgl. Glitsch, 2015) herangezogen werden.

Diese Testverfahren sind allerdings meist sehr umfangreich und kostenintensiv. Ein derartiges Testverfahren mit einem anschließenden Reflexionsgespräch in Verbindung mit einem Coaching oder 360-Grad-Feedback - mit Hinblick auf die Theorie der objektiven Selbstaufmerksamkeit nach Duval und Wicklund (1972) - könnte

---

[19] *„Der ISK-360° ist primär für ein berufliches Anwendungsfeld entwickelt worden."* (Glitsch, 2015; S. 100).

jedoch hilfreich sein, um eine gute Fremdbild-Selbstbild-Kongruenz (siehe dazu auch „Kapitel *2.1 Selbstbild und Fremdbild*") bzw. einen optimalen Erkenntnisgewinn (in Form von Selbsteinsicht) sicher zu stellen.

Der Schwerpunkt im Praxisbeispiel lag auf der erlebten Selbstwirksamkeit. Nach Bandura (1977; 1982) können Prozesse zu einer positiven Selbstbeurteilung der Zielerreichung und einer damit einhergehenden Erhöhung der Selbstwirksamkeit, automatisch ohne bestehende Fremdbeurteilung oder Feedback führen. Alleinig durch Beobachtung und Bewertung des eigenen Verhaltens mit anschließender Zielformulierung für die Zukunft (vgl. Schmidt, 2007; S.28).

Die Beteiligung an der webbasierten Umfrage (zur Evaluierung der Karriere-(un)-sicherheit) lag durchschnittlich leider nur bei ca. 7%, abgesehen vom ersten Post-Test direkt nach dem Webinar (29%), ist damit nur bedingt aussagekräftig und statistisch leider nicht valide (statistisch deskriptiv) auswertbar, da dazu mindestens 30 Teilnehmer erforderlich gewesen wären. In einer entsprechenden Langzeitstudie könnte eine nähere Untersuchung mit einer engeren wissenschaftlichen Begleitung jedoch sicherlich zu weiterführenden Erkenntnissen und Ergebnissen führen.

Obgleich die Teilnehmer des Webinars und auch die Coachees (im späteren Transfer-Coaching) in einer starken Eigenverantwortung für die Erreichung der eigenen Ziele und Entwicklung einer Eigen-Lösung standen, war die Autorin - in Anbetracht eines ganzheitlichen Dienstleistungsgedankens des Coachings - bemüht diese auf einer Ebene abholen, die ihre Präferenzen (z. B in Form von leichtverständlichen Leitfragen und Beispiele aus dem Alltag der Teilnehmer) widerspiegelten, als auch Grenzen (z. B. mit Bezug auf die Vorkenntnisse und bisherigen Lern- und Erfahrungswelten) berücksichtigen. Im Transfer-Coaching ging es dabei zudem auch darum (heraus)fordern, um die Entwicklung mittels individueller Reflexionsarbeit weiter zu fördern.

Als Ansatz für eine weitere mögliche Metatheorie gibt zudem Eidenschink (2015; S. 240) acht Thesen bzw. Faktoren (siehe Tabelle 13 im Anhang) in diesem Zusammenhang sogar zu einer möglichen Heuristik für die Arbeitsweise im Coaching an; auf die hier nicht näher eingegangen wird, jedoch einen möglichen weiteren Ansatzpunkt für die Gestaltung eines Coachings darstellt.

4. Aktuelle Forschung und Trends von Training und Coaching (in Unternehmen)

4.1 Gesundheit und Arbeitsanforderungen

Die zunehmende Verdichtung der Arbeitsanforderungen und damit steigenden psychischen Belastungen am Arbeitsplatz und auch in der Freizeit durch ein ständiges „On-Sein", zeichnet sich neben steigenden Krankmeldungs-raten (4,33 % Krankmeldungen in 2016 – vgl. Statista, 2016 und siehe nachfolgende Abbildung 4) ebenfalls anhand von stetigen Veränderungen an Unternehmen und deren Mitgliedern ab.

Obgleich der Höchststand von 1995 mit 5,07 % bisher noch nicht wieder erreicht wurde, ist an der Grafik dennoch gut ablesbar, dass der durchschnittliche Krankenstand der gesetzlichen Krankenkassen in Deutschland seit 2007 wieder stark ansteigt (in einem Gesundheitsreport aus dem Jahre 2011 hatten sich im Vergleich zu 1976 sich die Krankentage wegen psychischer Störungen bereits damals verfünffacht).

Abbildung 4: Durchschnittlicher Krankenstand in den gesetzlichen Krankenkassen (1996 - 2016) (Statista, 2016)

4. Aktuelle Forschung und Trends von Training und Coaching (in Unternehmen)

Die WHO (World Health Organisation) definierte die psychische bzw. mentale Gesundheit (mental health) im Jahre 2004 wie folgt:

> *„ein Zustand des Wohlbefindens, in dem der Einzelne seine Fähigkeiten ausschöpfen, die normalen Lebensbelastungen bewältigen, produktiv und fruchtbar arbeiten kann und imstande ist, etwas zu seiner Gemeinschaft beizutragen."* (Rose et al., 2016; S. 8)

Ein Bereich, der schon seit Jahrzehnten - verstärkt in den 90iger Jahren (vgl. De Fruyt et al., 2013; S. 21) - diskutiert und von den Vertretern der Arbeits- und Organisationspsychologie erforscht wird, betrifft die Work-Life-Balance (z. B. praktisch nach Holzer, 2013 oder systemisch in einem psychotherapeutischen Konzept nach Lohmer et al., 2013).

Wissenschaftler der Arbeits- und Organisationspsychologie untersuchen über meta-analytische Arbeiten (De Fruyt et al., 2013; S. 21) besonders arbeitsbezogene Bewältigungsfähigkeiten (Fay & Sonnentag, 2002; Fischer & Schaarschmidt, 2001; Kaluza, 2011) sowie die dazugehörigen Arbeitsbedingungen und jeweiligen Zusammenhänge. Dies erfolgte in Bezug auf die psychische Konstitution, u. a. mit Hinblick auf eine Burnout-Symptomatik (Berger et al., 2012; Burisch, 2014) und Stress[20] (Angerer et al., 2011) (vgl. Muschalla, 2014; S. 207) sowie einer kognitiven Stress-Theorie nach Folkmann und Lazarus (1984) (vgl. Folger et al., 2014).

Auch Zusammenhänge zwischen Belastungsfaktoren (wie zu hohen Arbeitsanforderungen (vgl. Folger et. al., 2014) mit geringer Kontrollmöglichkeit nach Barth, Benison, Christian, Flyer, Jennings, Maier, Ragole, und Watkins (2011) und mangelnder Unterstützung

---

[20] *„Der Stress-Begriff im ursprünglichen Sinn nach Selye (1956) beschreibt eine physiologische Akutreaktion und einer Daueraktivierung bei Langzeitbelastung (...) ist an sich wertfrei und impliziert noch keinen Schluss auf die emotionale Qualität mit der sie erlebt wird."* (Muschalla, 2014; S. 207).

nach Dahl, Moen, Mykletun, Sanne und Tell (2005), dem eigenen Leistungsmotiv nach McClelland (1985) oder dem Anspruchsniveau nach Hoppe (1930) an der Arbeit und psychischen Erkrankungen oder Störungen wurden mehrfach untersucht (Angerer et al., 2014; Henkel & Rau, 2013) (vgl. Muschalla, 2014; S. 207).

Die Arbeitswelt reagiert entsprechend darauf. So stellt beispielsweise die Deutsche Telekom ihren Führungskräften einen Leitfaden *„Psychische Auffälligkeiten am Arbeitsplatz – Was tun als Führungskraft"* als Unterstützung für die gezielte Gesprächsführung zur Verfügung (Krempinen, 2013; S. 60).

Das soziale Umfeld, auch in Anbetracht der Arbeitsrolle, modelliert die Persönlichkeit (und hat somit Einfluss auf die Arbeitsleistung – Anm. d. Verf.) und vice versa (vgl. Diener & Scollon, 2006) (vgl. Fruyt et al., 2013; S. 16). Gleichzeitig verhilft die aktive Aus-einandersetzung mit der Angst bzw. einer als bedrohlich empfundenen Situation (im Zuge einer Rückfallprävention) zu einer persönlichen Weiterreifung (vgl. Migge, 2014; S. 608).

Besonders bei Berufsanfängern (auch oft als Young Professionals bezeichnet) kann eine verstärkte Selbstbeobachtung in Hinblick auf einen guten Abgleich von Arbeitsanforderungen und der eigenen Handlungskompetenz zu einem eigenverantwortlichen Umgang mit der eigenen Gesundheit verhelfen, wenn Stärken optimal eingesetzt und zu Kompetenzen weiterentwickelt werden können. Die gleichzeitig entstehenden arbeitsbezogenen Bewältigungsfähigkeiten führen zu einer ausgewogenen Work-Life Balance mit Hinblick auf eine Ausschöpfung der Leistungsfähigkeit und Lebensqualität.

4.2 Gesellschaftliche Werte in den letzten drei Jahren

Die Ausschöpfung der Leistungsfähigkeit und Lebensqualität steht laut der letzten Werte-Index-Trendstudie 2016 auf Platz eins. Dies beinhaltet neben einer kritischen Selbstreflexion, gepaart mit einem Austausch von Gleichgesinnten, auch ein Verlangen nach selbstbestimmter Freiheit (sowohl immateriell, als auch in einem wirtschaftlichen bzw. materiellen Kontext) (vgl. Richert, 2015).

Gleichzeitig spielen auch kulturelle Hintergründe und (welt)politische Aspekte und die empfundene Sicherheit eine immer größere Rolle. Einerseits mit Blick auf die große Migrationswelle in die EU und speziell nach Deutschland (knapp 2,1 Millionen Zuwanderer in Deutschland in 2015, von denen knapp 1,1 Mio. bis zum Jahresende im Land registriert blieben – vgl. Deutschländer, 2016) und entsprechenden Gegendemonstrationen sowie das gesellschaftlich-soziale Engagement (in Form von Hilfsangeboten). Andererseits in Bezug auf eine wirtschaftlich-politische Gegenbewegung in Deutschland zum transatlantischen Freihandelsabkommen der USA mit der Europäischen Union (kurz: TTIP) (vgl. Richert, 2015).

Bereits Genkova, Ringeisen und Leong (2013) gaben einen Überblick und Forschungsstand zum Zusammenhang von Kultur und Gesundheit sowie Stress, welcher sich negativ auf das allgemeine Belastungserleben auswirken kann. Dies könnte das gestiegene Verlangen nach kultureller Identität und wirtschaftlicher Unabhängigkeit (vgl. Richert, 2015) erklären, welches als ein neutralisierender Handlungsimpuls einer erlebten Selbstwirksamkeit nach Bandura (1977; 1982) einem steigenden „Stresspegel" entgegengestellt wird, um durch ein entsprechendes Verhalten wieder eine Balance her zu stellen.

Gleichzeitig ist das Leben - und damit die Eigenmotivation - der Deutschen, laut des aktuellen Werte-Index 2016, von Leidenschaften in Form von persönlichen Projekten bestimmt. Diese Art der Projekte beinhalten zumeist alltägliche Handlungen und *„kleine, aber außergewöhnliche Erlebnisse"* (vgl. Richert, 2015). In der Erlebnispädagogik, in der im Grunde die Außergewöhnlichkeit des Erlebens in einer natürlichen Umgebung fokussiert und aktiv reflektiert wird, arbeitet man im Zuge dessen bereits an weiteren Formaten für Trainings, speziell von Immigranten.

Dabei sollen vor allem bei interkulturellen Sequenzen (z. B. mit neuen Zuwanderern) die Sprachbarriere überwunden werden und ggf. Übersetzer hinzugezogen werden (für die entsprechende wichtige gemeinsame Reflexion und Auswertung des Trainings) bei gleichzeitiger Berücksichtigung interkultureller Kommunikation (vgl. Eisinger & Hiller, 2016; S. 4) und möglicher Tabus sowie der Vermeidung einer unkontrollierten Trauma-Exposition (vgl. Eisinger & Hiller, 2016; S. 5 f.).

Gleichzeitig ist ein Trend zu beobachten, dass aufgrund der Anforderung zu mehr Eigenverantwortung auch die Thematik der Werte (vgl. Krempien 2013, S. 58) innerhalb einer Unternehmenskultur als Erfolgsfaktor (vgl. Trost & Terörde-Wilde, 2013) wieder verstärkt, aber auch für den einzelnen (vgl. Brok, 2012; Schwartz, 1992) auf seiner Suche nach Sinnstiftung (Stichwort: Work-Life-Balance) und im Zuge seiner Karriere- bzw. Lebensentwicklung eine immer größere Rolle spielt.

Im Zuge dessen kann in einem Training und Coaching ein kompetenzorientiertes Arbeiten auch mit Werten (z. B. in Anlehnung an Roberts (1994) verbunden werden.

Laut der Werte-Indexe[21] 2014 und 2016 liegen Gesundheit vor Freiheit und der persönliche Erfolg noch vor dem Wert „Familie" (vgl. Richert, 2015; Köcher, 2013). Gleichzeitig nimmt Individualität einen großen Platz ein und das Vertrauen in *„die großen politischen und gesellschaftlichen Systeme sinkt"* (vgl. Richert, 2015).

---

[21] *„Der Werte-Index wird seit 2009 alle zwei Jahre von Peter Wippermann, Trendforscher und Professor für Kommunikationsdesign (...) über das Marktforschungsinstitut TNS Infratest erhoben."* (Richert, 2015).

4.3 Eigenverantwortung und Gesundheitsverhalten

Ein weiteres Thema ist die betrieblich-geprägte Selbstverantwortung der Mitarbeiter einer Organisation. Laut des Hamburger Trendforschers Prof. Wippermann steige mit der zunehmenden Individualisierung der Arbeitswelt gleichzeitig die Eigenverantwortung. Dies werde vor allem im Zuge der zunehmenden Projektarbeit im Sinne einer Experten-Selbstständigkeit, sowie einer Spaltung zwischen Digital Natives (Personen, die in bzw. mit der digitalen Welt aufgewachsen sind – Anm. d. Verf.) und Digital Immigrants (Personen, die sich die Nutzung der digitalen Technologien erst im Erwachsenenalter aneignen müssen bzw. mussten - Anm. d. Verf.) deutlich (vgl. Köcher, 2013).

Eine Sensibilisierung oder Stärkung der Eigenverantwortung kann beispielsweise in Form von Aufklärung, Mentoring durch die Führungskräfte oder gar allgemein gültigen Richtlinien durch die Unternehmensleitung (wie die „Blackberry-Richtlinie"[22] der Deutschen Telekom) erfolgen.

Des Weiteren kann dies in Organisationskulturen durch den Einsatz von Selbstmanagement-Techniken (wie Superleadership,[23] oder einer Sensibilisierung zur Abgrenzung zwischen beruflicher und Freizeit) oder durch Seminare zwecks einer Stärkung der individuellen Handlungskompetenz (z. B. durch Ressourcenanalysen und siehe dazu auch in Teil 1 Kapitel 3) und Erholungskompetenz, sowie mit Workshops zur Verbesserung der seelischen Widerstandskraft, kurz Resilienz (siehe dazu: Heller, 2015; 2013; Mourlane, 2012; Wellensiek, 2011; Rampe, 2004; Siebert, 2005; Reivich & Shatté, 2002) genannt, erfolgen.

---

[22] Diese Richtlinie besagt, dass in der Freizeit prinzipiell vom Blackberry aus keine geschäftlichen E-Mail mehr beantwortet werden müssen (vgl. Krempien, 2013).

[23] Superleadership steht für den psychologischen Führungsansatz der Selbstführung nach Manz und Sims (1990).

Konzerne wie die Deutsche Telekom *"befassen sich im zentralen HR Business Service im Bereich "Health & Safety Management" mit einem ganzheitlichen betrieblichen Gesundheitsmanagement"* (vgl. Krempien, 2013; S. 58).

Ein selbstverantwortliches Gesundheitsmanagement kann zum Beispiel mit Bezug auf ein Gesundheitsverhalten in einer ausgewogenen gesunden Work-Life-Balance gesehen werden.

Außer dem darin, nicht alles zu persönlich zu nehmen, sich auch Unterstützung zu holen sowie gut für sich selbst als Mitarbeiter zu sorgen. Gesundheitsverhalten umfasst (grundsätzlich - Anm. d. Verf.) jegliches Verhalten, dass Gesundheit fördert und langfristig erhält, Schäden, als auch Einschränkungen fernhält, sowie die Lebenserwartung verlängert (vgl. Lippke & Renneberg, 2006; S. 35).

Dazu kann zählen, dass Erholungspausen im beruflichen Alltag effizient genutzt werden. Laut empirisch-gestützter Studien beugen Erholungspausen chronischer Erschöpfung und verringerter Leistungsfähigkeit vor (hierzu vgl. Krajewski et al., 2013; S. 13).

Unter Erholung versteht man erzielte Verbesserungen der emotionalen, mentalen, motivationalen und physisch-physiologischen Ressourcen. Die Qualität der Erholung zeigt sich durch ihre nachhaltige zeitliche Dynamik (vgl. Krajewski et al., 2013; S. 14).

Um eine erfolgreiche Erholungskompetenz zu entwickeln, sollte man auf die verschiedenen personenbezogenen Determinanten (siehe Tabelle 5) Acht geben (vgl. Krajewski et al., 2013; S. 14 f.). Auf deren Grundlage wurde mit einem theoretischen Modell (siehe hierzu Krajewski et al. 2010; 2013) eine Erholungskompetenz-Skala entwickelt.

Die Items stammen u. a. aus bestehenden Instrumenten (wie Erholungs-Belastungs-Fragebogen nach Kallus (1996), Gießener Beschwerdebogen, Pittsburgh Sleep Quality Index, Recovery Experience Questionaire von Sonnentag und Fritz (2007) und dem WHO-5 Wellbeing Index vom Mental Health Centre North Zealand (1998) (vgl. Krajewski et al., 2013; S. 15 f.).

Personenbezogene Determinanten / Subskalen	Beispiel-Items
Verausgabungstendenz und Beanspruchungssensitivität	➢ Ich nehme mir zu viel vor. ➢ Auch wenn ich mit meinen Kräften am Ende bin, gebe ich erst nach, wenn alles erledigt ist.
Sekundärer Belastungsgewinn	➢ Ich bekomme von meinem privaten Umfeld Anerkennung, wenn ich viel im Job arbeite. ➢ Ich halte mich stets auf Trab, um nicht auf grüblerische Gedanken zu kommen.
Distanzierungsfähigkeit	➢ Ich kann gut abschalten, auch wenn andere Personen (z. B. Familie, Partner, Freunde) mich beanspruchen.

Personenbezogene Determinanten / Subskalen	Beispiel-Items
Durchsetzungsstärke, Nonkonformität und Erholungskreativität	➢ Wenn ich in meiner Freizeit für mich allein sein will, gelingt mir das auch.
Wertigkeit von Erholung, dysfunktionaler Erholungseinstellung	➢ Um mehr Zeit für Erholung zu haben, habe ich bereits berufliche Anstrengung reduziert.
Simplifizierungsfähigkeit und Abschirmungsgrad	➢ Ich verbringe viel Zeit mit Haushaltsführung (einkaufen, kochen, waschen, putzen, reparieren), die ich als anstrengend, mühsam und lästig empfinde. ➢ Ich verbringe viel Zeit mit gesellschaftlich-sozialen Verpflichtungen, die ich als anstrengend, mühsam und lästig empfinde.

Tabelle 5: Extrahierte Beispiel-Items und Subskalen der verkürzten Erholungskompetenz-Skala EKS-10 (Eigene Darstellung in Anlehnung an Krajewski et al., 2013; S. 15).

Das Landesinstitut für Arbeitsgestaltung in Nordrhein-Westfalen (LIA NRW) hat darüber hinaus ein webbasiertes Selbstcheck-Tool (nach Lehmann & Seiler, 2012) entwickelt, welches eine individuelle Reflexion ermöglicht und gleichzeitig ein handlungsorientiertes Feedback gibt (vgl. Krajewski et al., 2013; S. 16): (http://www.lia.nrw.de/themen/Arbeit_gestalten/ges_foerd/erholung/check_erholungsfaehigkeit/index.html).

Zum Gesundheitsverhalten gibt es außerdem entsprechende Modelle und Theorien der Gesundheitspsychologie. Modelle und Theorien sind streng genommen nicht das Gleiche, werden jedoch gleicher Maßen herangezogen, um das Zusammenwirken von Bedingungen und Einflussfaktoren sowie die Einwirkung auf ein festgelegtes Kriterium (z. B. der Beeinflussung eines bestimmten Zielverhaltens zugunsten der Gesundheit) zu beschreiben.

4.4 Modelle und Theorien zum Gesundheitsverhalten

Anhand von Modellen lassen sich auch Hypothesen ableiten. Theorien und Modelle lassen sich grundsätzlich gegeneinander testen oder auch integrieren. Es wird angenommen, dass Menschen einen kontinuierlichen, linearen Prozess der Verhaltensänderung durchlaufen und es lassen sich im Zuge dessen Gemeinsamkeiten oder auch Überschneidungen feststellen (vgl. Lippke & Renneberg, 2006; S. 55 - 57).

Zur Erklärung von individuellen Verhalten werden in der Gesundheitspsychologie insgesamt drei Gruppen von Modellen heran gezogen: motivationale Modelle zur Absichtsbildung, volitionale Modelle sowie Stadien- und Hybridmodelle (vgl. Lippe & Renneberg, 2006; S. 35 f.).

Anhand von unterschiedlichen Kriterien wird entscheiden, welche Theorie die vorteilhafteste, hinsichtlich der Variablen oder Konstrukte für die Verhaltensänderung, erachtet wird (- auf die

Stadien- und Hybridmodelle wird in diesem Buch allerdings nicht näher eingegangen, weil sie nicht gut zum Praxisbeispiel passen - Anm. d. Verf.). Die Theorien stehen grundsätzlich nebeneinander und bieten Ansätze und Entwicklungen für die Voraussage des Zielverhaltens oder seiner Wahrscheinlichkeit (vgl. Lippke & Renneberg, 2006; S. 55 - 57).

4.4.1 Motivationale Modelle

Motivationale Modelle sind kontinuierliche lineare Modelle zur Absichtsbildung (Lippe & Renneberg, 2006; S. 36). Das Individuum wird in der ersten Phase, der prädezisionalen Phase, in einem nicht-intensionalen Stadium, das von Kognitionen (Risikowahrnehmung, Ergebniserwartung und Selbstwirksamkeitserwartungen) geleitet wird, betrachtet (vgl. Lippke & Renneberg, 2006; S. 55 - 57).

Die Modelle gliedern sich in die beiden Furchtappelltheorien: Theorie der Schutzmotivation (Protection Motivation Theory) und dem Modell der gesundheitlichen Überzeugungen (Health Belief Model) sowie in die Theorie des geplanten Verhaltens, Theory of Planned Behavior (TPB) und der sozialkognitiven Theorie, Social Cognitive Theory (SCT) (vgl. Lippe & Renneberg, 2006; S. 36 - 38).

Furchtappelltheorien legen zugrunde, dass die Menschen erst ihr individuelles Risiko wahrnehmen, wenn sie damit konfrontiert werden. Diese Konfrontation soll zu einer Verhaltensänderung führen. Ein Beispiel dafür sind die (mit Bezug auf die von der EU am 19.05.2014 eingeführten Tabakrichtlinie – Anm. d. Verf.) Bilder auf Tabakschachteln von geschädigten Organen (oder kranken Menschen – Anm, d. Verf.) und einem entsprechenden Warnhinweis, um auf das Risiko tödlicher Erkrankungen durch den Tabakkonsum hinzuweisen (vgl. Lippe & Renneberg, 2006; S. 36 - 38.). Die Furchtappelltheorien werden an dieser Stelle jedoch nur der Vollständigkeit halber erwähnt und nicht weiter vertieft, weil sie im Praxisbeispiel nicht zum Tragen kamen.

4.4.1.1 Theorie des geplanten Verhaltens (TPB) / sozialkognitive Theorie (SCT)

Bei der Theorie des geplanten Verhaltens (TPB) von Ajzen (1985) und der sozialkognitiven Theorie (SCT) von Bandura (2004) handelt es sich um Modelle, die in der Psychologie kognitive Modelle zur Erklärung von Verhalten heranziehen. In beiden Theorien ist die Kompetenzwahrnehmung (z. B. Selbstwirksamkeitserwartung) zentral, da die Kompetenzen direkten Einfluss auf die Intensionsbildung und die zu erwartende Verhaltensänderung nehmen (vgl. Lippke & Renneberg, 2006; S. 40).

Bei der TBP steht die wahrgenommene Verhaltenskontrolle im Vordergrund. Sie ist der Selbstwirksamkeitserwartung sehr ähnlich und postuliert vollkommene Kontrollgefühle über künftiges (Gesundheits-)Verhalten (vgl. Lippke & Renneberg, 2006; S. 41 f.).

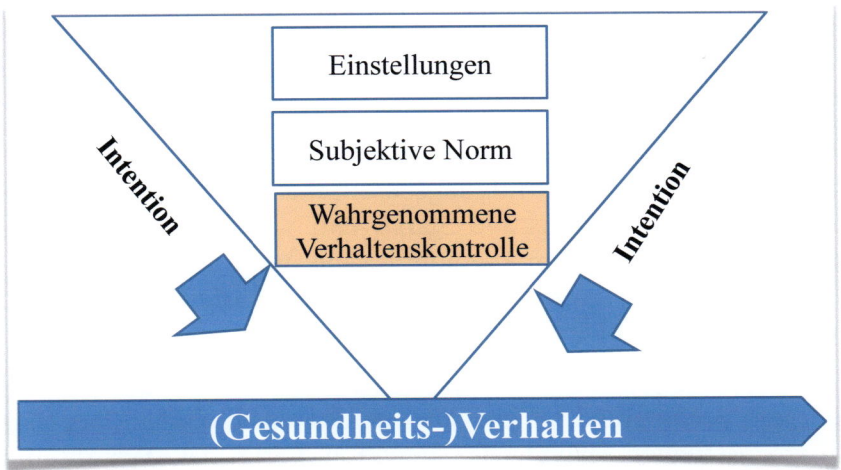

Abbildung 5: Theory of Planned Behaviour (TPB) (Eigene Darstellung in Anlehnung an Lippke & Renneberg, 2006; S. 41 f.)

Die Komponenten „Einstellungen" und „subjektive Norm" wirken auf die Intention ein und führen über die Intention zu einem veränderten (Gesundheits-)Verhalten. Unter Einstellungen werden positive oder negative Bewertungen des künftigen Verhaltens zusammengefasst. Schließlich bestimmt die wahrgenommene Verhaltenskontrolle die Ausführung des künftigen Verhaltens. Alle drei Komponenten wirken auf die Intention ein, welche wiederrum direkten Einfluss auf die zu erwartende Ausübung des Zielverhaltens hat (vgl. Lippke & Renneberg, 2006; S. 41 f.).

Kritik an der Theorie kam durch die Auswertung von neun Metaanalysen von Conner und Sparks (2005) auf. Es wurde festgestellt, dass die Befunde zu positiv ausfielen, da lediglich korrelative Zusammenhänge in Bezug auf den Zeitpunkt des Messens auftraten und keine Veränderungen berücksichtigt wurden (vgl. Lippke & Renneberg, 2006; S. 42).

Ein weiterer Kritikpunkt ist, dass Verhaltensüberzeugungen auf Einstellungen und normative Überzeugungen auf die subjektive Norm und Kontrollüberzeugungen auf die wahrgenommene Verhaltenskontrolle wirken. Verhaltensüberzeugungen beinhalten dabei Bewertungen über Verhaltenskonsequenzen.

Normative Überzeugungen prognostizieren die Erwartungen anderer und deren Einwilligungsbereitschaft. Kontrollüberzeugungen schätzen die subjektive Stärke ein, welche von internalen oder externalen Variablen (demografische Variablen, Persönlichkeits- und Umweltfaktoren) behindert oder gefördert werden (vgl. zu diesem Abschnitt Lippke & Renneberg, 2006; S. 42).

Bei der sozialkognitiven Theorie (SCT) stehen die Intentionen als Ziele im Vordergrund. Diese entscheiden maßgeblich über das künftige Verhalten. Durch die Intention wirkt das Wissen um (Gesundheits-)Risiken und mögliche Gewinne, auf die Selbstwirksamkeits-, sowie auf die (Handlungs-)Ergebniserwartung und die soziokulturellen (behindernde und unterstützende) Faktoren auf das künftige Verhalten ein.

Anzumerken sei jedoch, dass auch hier der Einfluss der Kompetenzerwartung (Selbstwirksamkeitserwartung) auf das Verhalten sehr hoch ist (vgl. Lippke & Renneberg, 2006; S. 42).

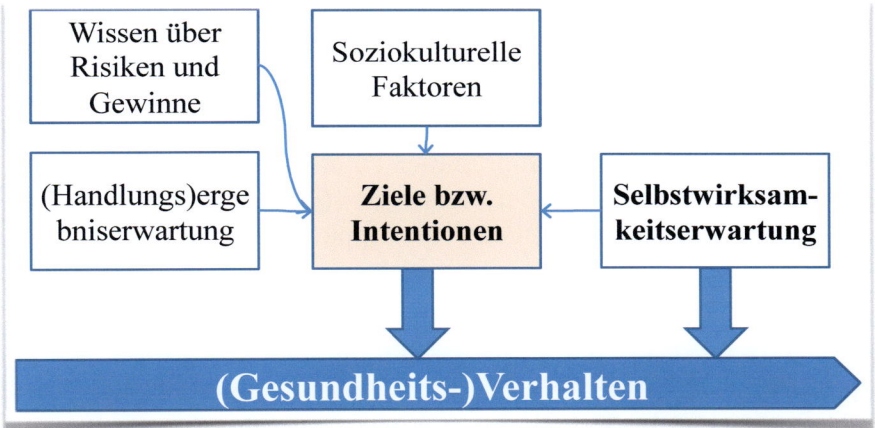

Abbildung 6: Social Cognitive Theory (SCT) (Eigene Darstellung in Anlehnung an Lippke & Renneberg, 2006; S. 42)

Die Selbstwirksamkeitserwartung wird im Wesentlichen von vier Komponenten beeinflusst (vgl. Lippke & Renneberg, 2006; S. 44):

- den eigenen Erfolgserfahrungen,
- den stellvertretenden Erfahrungen (Modelllernen),
- der verbalen Verstärkung und
- physiologischen sowie affektiven Zuständen

Eigene Erfolgserfahrungen haben jedoch den stärksten Einfluss auf das Selbstwirksamkeitsverhalten. Sie sind deshalb so stark in ihrem Einfluss, weil sie u. a. Erlebnisse widerspiegeln, die bereits einmal zur Problembewältigung eingesetzt wurden sind und somit als (Über)Lebensstrategie fungieren. Stellvertretende Erfahrungen sind meist nicht so stark, da sie sich auf das Modellernen stützen und eine Beobachtung zwar eine (Problemlösungs)-Strategie ermöglicht, aber der Glaube an die eigene Kompetenz für die Umsetzung nicht so stark ausgeprägt ist (vgl. Lippke & Renneberg, 2006; S. 44).

Verbale Bestärkung durch Überredung oder Zuspruch findet meist in einem soziokulturellen Kontext statt und so kann Zuspruch (wie „ich weiß, dass Du es kannst, und ich vertraue ganz fest in Deine Fähigkeiten") eine Selbstwirksamkeitserwartung erhöhen. Physiologische und affektive Zustände wirken am schwächsten, da sie nur schwer mit Interventionsprogrammen zu erreichen sind. Ein derartiger Zustand kann sich beispielsweise (nur) durch ein leichtes „Kribbeln" bemerkbar machen (vgl. Lippke & Renneberg, 2006; S. 44).

Das Wissen über (Gesundheits-)Risiken kommt im Lebensstil zum Tragen. Erst wenn der Link erfolgt, dass dies Einfluss auf die eigene Lebensqualität hat und ggf. durch eine neue Zielsetzung verändert werden muss, kommt es zu einer Verhaltensänderung. Gleichzeitig wirkt eine Selbstwirksamkeitserwartung auch direkt auf das Verhalten. Denn **erst**, wenn man das **Bewusstsein darüber** hat, dass man etwas ändern **kann** (möglicher Weise - trotz widriger Umstände), erfolgt eine Wirkung auf das Verhalten.

Gleichzeitig wirken Handlungsergebniserwartungen auf Intentionen ein. Ergebniserwartungen können sowohl positiv als auch negativ sein. Soziokulturelle Faktoren können behindern oder unterstützen. So kann eine Hilfestellung aus der Umgebung (soziale Unterstützung durch ein Netzwerk) beispielsweise bewirken, dass ein Ziel gesetzt wird. Es liegen jedoch trotz der Popularität des Modells keinerlei Meta-Analysen vor (vgl. zu diesem Abschnitt Lippke & Renneberg, 2006; S. 42).

4.4.1.2 Zusammenfassende Betrachtung der Modelle TPB und SCT

Zusammenfassend kann man zur Theorie des geplanten Verhaltens (TPB) und der sozialkognitiven Theorie (SCT) sagen, dass bei beiden Theorien die Kompetenzerwartung eine zentrale Rolle einnimmt. Bei der TPB steht die wahrgenommene Verhaltenskontrolle und bei der SCT die Selbstwirksamkeitserwartung im Fokus.

Gleichzeitig werden ebenfalls weitere unterschiedliche sozialkognitive Variablen berücksichtigt. Beide Theorien haben jedoch die Problematik der Übersetzung bzw. des Transfers von Absichten / Intentionen in ein bestimmtes Verhalten. Es wird jeweils die Intentionsbildung beschrieben, es werden jedoch nicht die Prozesse nach der Intentionsbildung betrachtet (vgl. Lippke & Renneberg, 2006; S. 44 f.).

4.4.2 Volitionale Modelle

Volitionale Modelle sind ebenfalls kontinuierliche lineare Modelle. Im Unterschied zu den motivationalen Modellen betrachten diese Modelle das Individuum jedoch in der postdezisionalen präaktiven Phase, d. h. nach Fällung einer Entscheidung mit einem konkreten Handlungsziel, also in einem intentionalen Stadium.

Hierbei sind personale (hohe Selbstwirksamkeitserwartung) und soziale Ressourcen (wie soziale Unterstützung – Anm. d. Verf.) für die Überwindung von Widerständen und Umsetzung von Plänen in Handlungen sind von Bedeutung (vgl. zu diesem Absatz Lippke & Renneberg, 2006; S. 56 f.).

Bei den volitionalen Modellen geht es von der Absichtsfindung einen Schritt weiter hin zur Handlung und so zum künftigen Verhalten. Es wird der Prozess der realisierten Umsetzung von Intentionen beschrieben (vgl. Lippke & Renneberg, 2006; S. 45 f.).

Dabei kann vorab bereits festgehalten werden, dass Gewohnheiten meist dafür sorgen, dass es oft nicht zu einer maßgeblichen Verhaltensänderung kommt, feste Absichten können jedoch dabei helfen, einen Plan in die Tat umzusetzen (vgl. Lippke & Renneberg, 2006; S. 45 f. und siehe nachfolgende Abbildung 7).

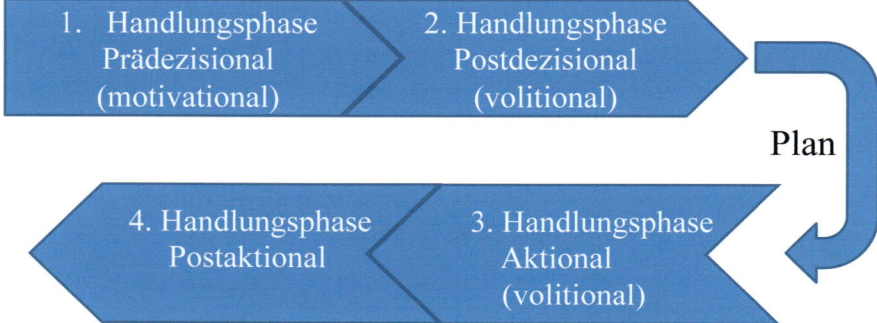

Abbildung 7: Rubikon-Modell von Heckhausen (1989)- (Eigene Darstellung in Anlehnung an Lippke & Renneberg, 2006; S. 46)

Der Handlungsplan (wie in der X-MAS-Formel[24] von Seifarth (2012) – siehe dazu nachfolgende Abbildung 8 oder der SMART-Formel aus dem Projektmanagement – Anm. d. Verf.) schließt die Lücke zwischen Intention und Verhalten.

Handlungspläne (action plan, implementation intentions) spezifizieren die Ausübung für eine Verhaltensänderung und folgen einer Wenn-Dann-Struktur.

---

[24] Nach der X-MAS-Formel müssen Ziele exakt, messbar, aktionsorientiert sein und Spaß bzw. Freude auslösen.

4. Aktuelle Forschung und Trends von Training und Coaching (in Unternehmen)

Je konkreter sie sind, desto einfacher ist die Umsetzung. Konkrete Pläne - aus einer intrinsischen Motivation (wie bei der X-MAS-Formel – Anm. d. Verf.) heraus - helfen außerdem auch in schwierigen Situationen bei der Umsetzung, da auch diese bei sogenannten Bewältigungsplänen (coping plans) mit eingeplant werden können (vgl. Lippke & Renneberg, 2006; S. 46 f.).

2.2 Zielerreichung – X-MAS-Formel (nach Seifarth)

E**X**akt – z. B. Ich will eine Verbesserung meiner Karrieremöglichkeiten erreichen.

Messbar – z. B. innerhalb von einem halben Jahr

Aktionsorientiert – z. B. durch Karriere-Coaching

Spass – Wenn ich das Ziel vor mir sehe, erfüllt es mich mit Freude / einem Glücksgefühl.

Abbildung 8: Folie: Zielerreichung - X-MAS-Formel (Eigene Darstellung in Anlehnung an Seifarth, 2012; S. 100 - 105)

5. Evaluationsforschung für Training & Coaching

Es gibt in der Literatur und dem aktuellen Forschungsstand der letzten sechs bis sieben Jahre noch wenig vergleichende Studien für ein und dasselbe Trainingsdesign. Ganz abgesehen von Designs mit einer entsprechend heterogenen Masse an Teilnehmern (in Bezug auf die soziographischen Daten), die einen entsprechenden Querschnitt aus der Gesamtbevölkerung abbilden. Gleiches gilt für Studien, die mit den Merkmalen der Webinar-Teilnehmer (z. B. bezogen auf den Studienhintergrund, das Alter, die Generation, die ethnische und soziale Herkunft, etc.) übereinstimmen.

In Bezug auf das Trainingsdesign weist ein Webinar typische Charakteristika eines Seminars auf. Jedoch befinden sich Trainer und Teilnehmer nicht am gleichen Ort, sondern in einem virtuellen Raum (vgl. Lorenz, 2015). Das Webinar ist in Form eines Lehrvortrages strukturiert und wird meist medial mit einer PowerPoint-Präsentation unterstützt.

Die Teilnehmer sind dabei standardmäßig „stumm" geschaltet, können aber in einem elektronischen Chat zu Wort kommen, wenn das Webinar synchron stattfindet. Ein Webinar kann jedoch auch asychron sein, wenn es vorab aufgezeichnet wurde und für die Teilnehmer jederzeit zum Download oder zum Streaming bereitsteht.

Vor allem Digital Natives bevorzugen *„ein vernetzes und exploratives Lernen"* (Born, o. J.). Das Webinar wird daher als Trainingsmöglichkeit immer populärer. Einerseits weil die Durchführung für den / die Veranstalter kostengünstig ist und andererseits, weil die Zugangsbarrieren für die Teilnehmer (ebenfalls in Bezug auf mögliche Teilnahme- oder Reisekosten), aber auch hinsichtlich der veranschlagten Zeit und durch den virtuellen Treffpunkt, gering sind.

In der Evaluationsforschung zu Trainings gibt es sowohl Studien mit professionellen Trainingsanbietern, die sich mit der Thematik des Trainingstransfers innerhalb von Organisationen befassen, wie aus dem Forschungsartikel von Hutchins in der Zeitschrift „Performance Improvement Quarterly" vom April 2009 hervor geht.

Als auch aktuelle Studien, wie von Burke und Hutchins, publiziert in der Zeitschrift Human Resource Development Quarterly im Sommer 2008, die "Best Practice" im Transfer von erlerntem Wissen durch ein Training mit einem entsprechenden Modell untersucht haben. Beide Studien haben gemein, dass sie sich dabei vor allem auf den Wissens-Transfer im Berufsalltag beziehen.

Dieser Transfer wird jedoch für die meisten Teilnehmer des Webinars von der Deutschen Bildung erst in der Zukunft an Bedeutung gewinnen und spielte zum Zeitpunkt des Webinars noch keine tragende Rolle. Daher wurde von der Autorin zusätzlich für zwei Teilnehmer ein Transfer-Coaching angeboten, welches sich vom Design auf das Webinar bezog, sich aber vor allem auf die Evaluationsforschung zur Wirkmechanismen und Effektivitätsdeterminanten von (Einzel-)Coachings stützt, um gezielt in einer postdezisionalen präaktiven Phase bei der Umsetzung von Bewältigungsplänen (coping plans) anzusetzen.

Das Hauptanliegen des Webinars ist die Fokussierung der Kompetenzen und Entwicklung von Kompetenzprofilen. Dies wird von den meisten Lernanstalten nicht ausreichend beachtet und bereitet somit den akademischen Nachwuchs nur unzureichend auf das nachfolgende Berufsleben vor.[25]

---

[25] *„Having a college degree was no guarantee for being able to perform well on the job or in society in general."* (Mulder, 2014; p. 108).

Gleichzeitig sollte das Webinar als Denkanstoß eine Hilfe zu Selbsthilfe anbieten. Der Lernprozess im und nach dem Webinar wird (ähnlich wie in einem Coaching-Prozess) bei jedem Teilnehmer unterschiedlich schnell und intensiv erlebt und entsprechend umgesetzt[26] (vgl. hierzu auch Mulder, 2014). Insofern ist das Forschungsfeld groß und der Bedarf an entsprechenden Studien und Metastudien noch lange nicht gesättigt.

In Bezug auf die Evaluationsforschung zur Wirkmechanismen und Effektivitätsdeterminanten von Coachings gibt es ähnliche Hindernisse bzw. Faktoren wie in Bezug auf die Evaluationsforschung für Webinare. Hinzu kommt, dass die konstruktivistische Sicht der Dinge grundsätzlich einen starken Einfluss auf ein Coaching bzw. einen Coachingprozess hat.

Der Konstruktivismus geht davon aus, *„dass die Realität nur durch Beobachtung zugänglich und damit subjektabhängig ist."* (Schwuchow, 2015; S 11).[27] Somit kann nur auf *„subjektive Konstrukte"*, nicht aber auf objektive empirisch-fundierte Erkenntnisse zurückgegriffen werden (vgl. Schwuchow, 2015; S. 11).

Coaching-Anlässe entwickeln sich in Zusammenhang mit Gesundheitsverhalten im Berufsleben vor allem durch die zunehmende *„Entgrenzung der Erwerbstätigkeit"*[28] (Dierks, 2005; Groll, 2015), den daraus entstehenden Zeitmangel (Hochschild, 2002) sowie

---

[26] *"(...) learning is a process which manifests itself in many different forms. It differs by personal characteristics of the learners, levels of their professions, fields of practice, intentionality of their learning, and formalisation of the learning activities."* (Mulder, 2014; S. 108).

[27] *„Jeder Mensch konstruiert seine individuelle Realität, sein eigenes Weltbild durch subjektive Wahrnehmung."* (Schwuchow, 2015; S. 11).

[28] *„Das Selbst wird nicht Träger der Identität, sondern im unternehmerischen Sinn Produktionsmittel. Der unternehmerische Umgang mit der eigenen Arbeitskraft wird hergestellt über Prozesse permanenter Reflexion."* (Gröning, 2007; S. 7 f.).

durch die „*Vertrieblichung der Lebensführung*" (Oechsle, 2002), als auch durch die Zunahme der hochqualifizierten Berufsgruppen (vgl. Wagner, 2000; S. 261[29]) (vgl. zu diesem Absatz Gröning 2007, S. 7 - 9). Dies liegt vor allem an der „*wachsenden Dynaxität*[30]" der Welt (Kastner, 2006; S. 109).

Ein Coachingbedarf kann sich jedoch ebenfalls im Zuge von Potentialanalysen als Bestandteil von Entwicklungsplänen (im Zuge von Personalentwicklungsmaßnahmen - Anm. d. Verf.) ergeben (vgl. von Schumann, 2013; S. 219).

Mit Hinblick auf das Transfer-Coaching im Praxisbeispiel in Teil 1 der Studienarbeit ist das Transfer-Coaching an das Trainingsformat gekoppelt und im Zuge eines ideellen Fördergedankens mit einer Personalentwicklungsmaßnahme vergleichbar. Die Messung der Wirksamkeit wurde mittels einer Kurzskala auf die Karriere(un)sicherheit beschränkt und ist damit nur bedingt aussagekräftig, da nur ein Aspekt berücksichtigt wird, der sich auf die Selbstwirksamkeits- und auch Erwartungshaltung eines künftigen Verhaltens bezieht.

In diesem Zusammenhang wird daher im Rahmen der Evaluationsforschung von Coachings auf die Ergebnisse von Keil und Schmidt (2004) verwiesen, da es sich beim Transfer-Coaching um ein Einzelcoaching handelt. Einzelcoaching ist das „*gängigste und am häufigsten vorkommende Setting*" (vgl. Keil & Schmidt, 2004; S. 240).

---

[29] Zit. nach Dierks, 2005; S. 7.
[30] „*Kombination aus Dynamik und Komplexität der Produkte, Dienstleistungen, Aufgaben, Prozesse sowie neuen Arbeits- und Organisationsformen.*" (Kastner, 2006; S. 109).

In der Studie über Einzel-Coachings (N = 61) von Keil und Schmidt (2004) konnte festgestellt werden, dass die Wirksamkeit eines Coachings (bezogen auf den Coaching-Gesamterfolg) im wesentlichen von vier Faktoren beeinflusst wird:
1. dem Involvement des Coachs ($\alpha = .86$, $\beta = .36$),
2. der Qualifikation des Coachs ($\alpha = .93$, $\beta = .42$), der Klarheit und Ziele ($\alpha = .81$) und
3. dem Coaching-Setting ($\alpha = .74$) (vgl. Keil & Schmidt, 2004; S. 246).

In Bezug auf das Involvement des Coachs stehen die Motivation und das Interesse des Coachs am Coachee im Vordergrund. Auch das gegenseitige Vertrauen ist dabei ein wichtiger Faktor (vgl. Keil & Schmidt, 2004; S. 244).

Die Qualifikation des Coachs umfasst die Tatsache, ob ein Coach „*praxisorientiert berät und den Kontext*" berücksichtigt. Daneben spielt auch die Glaubwürdigkeit (des Coachs) und die wertschätzende Grundhaltung (von Seiten des Coachs gegenüber des Coachee – Anm. d. Verf.), subsummiert als Beziehungsgestaltungskompetenz nach Heß und Roth (2001; S. 63 f.), neben der fachlichen Qualifikation des Coachs, eine Rolle (vgl. Keil & Schmidt, 2004; S. 243). Die Klarheit und Ziele stehen vor dem Vordergrund des „*Umgangs mit Rollen, Methoden und Vorgehensweisen*" (vgl. Keil & Schmidt, 2004; S. 244) im Coaching.

Das Coaching-Setting baut auf den Ressourcen des Coachee auf. Von beiden Seiten (Anm. d. Verf.) sollte eine „*Bereitschaft zur Zeitinvestition*", eine (hohe intrinsische – Anm. d. Verf.) "*Motivation*" gegeben sein. Gleichzeitig sollte Kreativität und ein „*psychologischer Vertrag*"[31] vorhanden sein (vgl. Keil & Schmidt, 2004; S. 244).

---

[31] Vgl. Heß & Roth, 2001; S. 37; Rauen, 2005; S. 278.

6. Abschließendes Fazit und kritische Würdigung

> *„You can't learn to swim without going into the water."*
> (Brooks, 1882; S. 243)

Die Autorin hat sich mit Hinblick auf die Literatur und der im Studium erworbenen theoretischen sowie praxisorientierten Informationen dazu entschieden das Erlernte in einem Webinar mit anschließendem Transfer-Coaching umzusetzen und dies entsprechend theoretisch fundiert zu dokumentieren.

Im Zuge des Webinars mit einem anschließenden Mini-Transfer-Coaching mit der Deutschen Bildung wurde auf Grundlage von Coaching-Methoden (Fragen in Anlehnung nach Ochs (2014) - siehe dazu Tabelle 9 im Anhang - sowie den biographische Leitfragen nach Triebel (2015) - siehe dazu Tabelle 10 im Anhang) und Fragen im Zuge eines Monodramas (in Anlehnung an Reichel & Rebenstein, 2001) gearbeitet.

Bei der Analyse der Stärken, Kompetenzen und Ressourcen handelte es sich um eine ressourcenorientierte Biografiearbeit.

> *„Ressourcenorientierte Biografiearbeit bedeutet, das Kohärenzgefühl und die biologischen Chancen zur Entwicklung psychischer Widerstandsfähigkeit in den Mittelpunkt zu stellen, d. h. sie zu erinnern, sie zu aktivieren und für die weitere Lebensplanung* (hier: die nächsten wichtigen Karriere-Schritte – Anm. d. Verf.) *nutzbar zu machen."*
> (Hölzle, 2011; S. 77)

Den Teilnehmern werden dazu beim Webinar und später im Transfer-Coaching ihre *„lebensgeschichtlich erworbenen"* (vgl. Hölzle, 2011; S. 77) Stärken, Kompetenzen und Ressourcen (siehe dazu Tabelle 11 im Anhang) bewusst und nutzbar gemacht.

Dies geschieht vor allem mit Hinblick auf die zunehmende Karriereunsicherheit bei Nachwuchswissenschaftlerinnen und -wissenschaftlern (siehe hierzu Höge et al., 2012).

Die Stärken und Ressourcen als *„Quellen einer konstruktiven Lebensbewältigung"* (vgl. Hölzle, 2011; S. 77) sollen dabei helfen die Resilienz zu fördern und auch präventiv im Sinne einer Salutogenese wirksam zu werden.

Durch die Auseinandersetzung der Teilnehmer mit der eigenen Geschichte und als ein *„aktiv gestaltender Akteur (...) als HeldInnen Ihrer eigenen Lebensgeschichte"* (vgl. Hölzle, 2011; S. 78) wird die Selbstwirksamkeitserwartung (nach Bandura 1977; 1982) erhöht und gleichzeitig ebenfalls die Eigenverantwortung gestärkt.

Die Stärkung der Eigenverantwortung erfolgt durch die Biografiearbeit im Zuge der Beschäftigung mit dem Lebensverlauf, Lebensentscheidungen, -ereignissen sowie ggf. Träumen, welche zusammen genommen eine Ganzheitlichkeit aufzeigen und Sinnhaftigkeit stiften. Um dies zu erreichen, erfordert es auch *„den Blick zu weiten und das eigene Leben aus der Distanz und in verschiedenen Kontexten reflektieren zu können"* (Hölzle, 2011; S. 79).

„Das Erleben (des Webinars mit einer entsprechenden Selbstreflexion wird dabei – Anm. d. Verf.) *in den Dienst bestimmter Zwecke des Lernens"* gestellt (vgl. Prange & Strobel-Eisele, 2006; S. 135). Gleichzeitig soll aber auch *„auf die bessernde Änderung des menschlichen Zustandes* (eines künftigen selbstbewussteren Verhaltens – Anm. d. Verf.) *gerichtet"* sein (vgl. Fischer & Lehmann, 2009; S. 9).

6. Abschließendes Fazit und kritische Würdigung

Für die Lernenden wird das, was durch ein Ereignis (im Rahmen eines pädagogischen Aktes) aufgezeigt werden soll, mithilfe eines Arrangements, in einem vitalen Erlebnis und durch den selbstorganisierten Lernakt, ermöglicht,

- nicht nur mit dem Kopf (kognitiv),
- sondern auch mit dem Herzen (affektiv),
- womöglich sogar durch ein Handeln (psychomotorisch),

unter Hinzunahme der gemeinsamen Reflexion, als auch unter Einwirkung der individuellen Einstellung und Bedeutungsgebung zu neuen (Lern)-Erkenntnissen (u. a. auch durch Ent- und Verlernen) zu gelangen.

Diese Lernerkenntnisse wirken wiederrum auf das Verhalten – und darin liegt die eigentliche Transferleistung. Das (neu gezeigte) Verhalten beeinflusst Ereignisse, welche auch außerhalb eines pädagogischen Rahmens oder pädagogischen Aktes entstehen können (siehe Abbildung 9).

Es gibt jedoch auch Fälle des Lernens, wo es sich um existenzielle Erlebnisse mit *„affektiver Betroffenheit"* handelt, die teils einschneidende Ereignisse im Leben markieren, aber nicht in einem inszenierten Setting stattgefunden haben. Dies sind sogenannte pathogene Erlebnisse. Pathogene Erlebnisse sind z. B. Unfälle, Krankheiten, Todesfälle, Scheidungen, Trennungen, (Not-)Operationen, etc.

Pathogene Erlebnisse können jedoch mit Erlebnissen in einem inszenierten Setting (den vitalen Erlebnissen - wie in einem Training bzw. Webinar – Anm. d. Verf.) gemein haben, dass sie den Menschen schier durch ein Überraschungsmoment (z. B. einen Aha-Effekt – Anm. d. Verf.) überfallen (vgl. Prange & Strobel-Eisele, 2006; S. 134).

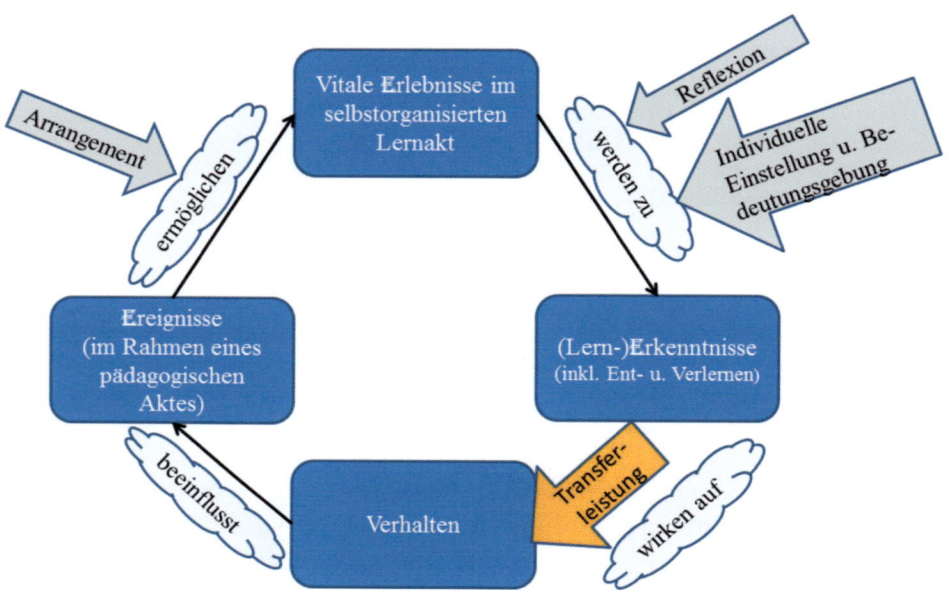

Abbildung 9: Das 3-"E"-Transfer-Modell (Erweiterte eigene Darstellung in Anlehnung an Rosenberger, 2008; S. 21)

Bei der Unterscheidung in Hinblick auf die Bewertung des Erkenntniszuwachses ist zwischen einem pathogenen und einem vitalen Erlebnis ist die Betrachtung und Differenzierung der Gefühle ausschlaggebend (siehe dazu nachfolgende Abbildung 10).

> „Die Erfahrung aktiver Gestaltung bietet einen Kontrapunkt zur Erfahrung von Ohnmacht und Hilflosigkeit." (Hölzle, 2011; S. 78).

Es werden zudem mögliche Frei- bzw. Spielräume zur Entwicklung des Coachee in (sozialen) Systemen (wie Organisationen) mit der „*Idee der Selbsterhaltung als Bezugspunkt*" (u. a. durch Reduktion von Komplexität) beleuchtet und ein möglichst hilfreiches Erleben von Kompetenz und subjektiv erlebten Fähigkeiten (vgl. Gröning, 2007; S. 11; Lippmann, 2007; S. 24) unterstützt.

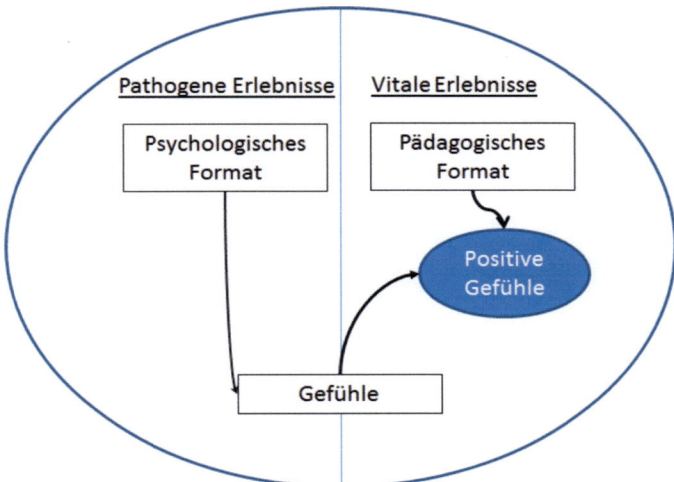

Abbildung 10: Pathogene vs. vitale Erlebnisse (Eigene Darstellung in Anlehnung an Fischer & Lehmann, 2009; S. 29)

Dies alles geschieht vor allem vor dem Hintergrund, dass bei den Teilnehmern (Studenten) die individuelle Selbstentwicklung fokussiert wird. Die Entwicklung eines gesunden Egos ist notwendig, um in erster Linie eine persönliche Identität aufzubauen, aus der sich später (im Lebensverlauf) eine berufliche Identität entwickeln kann, für die Anerkennung, die richtige Ausbildung, Qualifikation und letztlich auch die Karrieremöglichkeit mit einer entsprechenden weiteren (Karriere)perspektive entsteht (vgl. Mulder, 2014; S. 107 f.).

Anhang

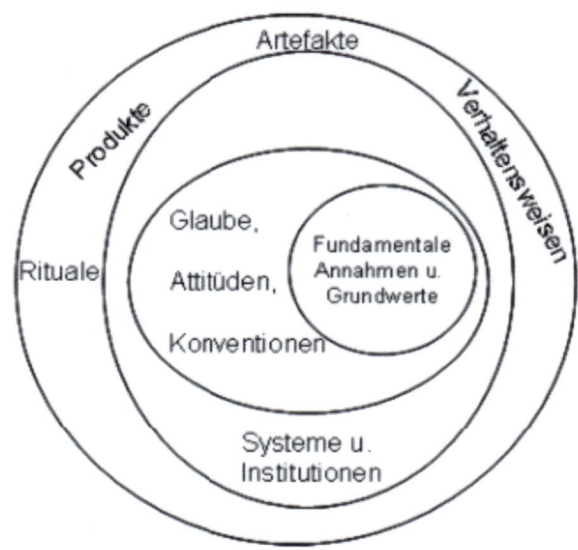

Abbildung 11: Kulturmodell nach Spencer Oatey (2000)
(Eigene Darstellung in Anlehnung an Spencer-Oatey, 2000; S. 5)

Rang	Diagnosehauptgrupppe	AU-Fälle	AU-Tage	Tage je Fall
Gesamt				
1.	Krankheiten des Muskelskelettsystems	203,8	4.060	19,9
2.	Psychische Verhaltensstörungen	61,6	2.395	38,9
3.	Krankheiten des Atmungsorgans	317,4	2.067	6,5

Rang	Diagnosehauptgrupppe	AU-Fälle	AU-Tage	Tage je Fall
Männer				
1.	Krankheiten des Muskelskelettsystems	225,3	4.303	19,1
2.	Verletzungen, Vergiftungen	106,3	1.924	18,1
3.	Krankheiten des Atmungsorgans	292,9	1.922	6,6
Frauen				
1.	Krankheiten des Muskelskelettsystems	176,5	3.750	21,2
2.	Psychische und Verhaltensstörungen	79,4	3.082	38,8
3.	Krankheiten des Atmungsorgans	348,6	2.252	6,5

Tabelle 6: AU-Kennzahlen der Mitglieder (je 1.000 Mitglieder ohne Rentner) mit den drei wichtigsten Diagnosehauptgruppen aus dem Berichtsjahr 2014 (Eigene Darstellung in Anlehnung an Knieps & Pfaff, 2015; S. 79)

Wie beurteilen Sie folgende Aspekte über ...?

	Sehr zutreffend	Zutreffend	50 – 50	Unzutreffend	Sehr unzutreffend
Er / sie kennt die Visionen des Unternehmens.	O	O	O	O	O

Wie beurteilen Sie folgende Aspekte über ...?

	Sehr zutreffend	Zutreffend	50 – 50	Unzutreffend	Sehr unzutreffend
Er / sie kennt den Markt und die Einflüsse unserer Branche.	○	○	○	○	○
Er / sie kann die Unternehmensstrategie umsetzen.	○	○	○	○	○
Er / sie geht verantwortlich mit Ressourcen und Geld um.	○	○	○	○	○
Er / sie setzt sich immer wieder neue und realistische Ziele.	○	○	○	○	○

Wie beurteilen Sie die Arbeit von ... mit den Kunden?

	Sehr zutreffend	Zutreffend	50 – 50	Unzutreffend	Sehr unzutreffend
Er / sie geht auf Kundenwünsche ein.	○	○	○	○	○
Er / sie versucht Wege und Lösungen zu finden, Kundenwünsche umzusetzen.	○	○	○	○	○

Wie beurteilen Sie die Arbeit von ... mit den Kunden?

	Sehr zu-treffend	Zutref-fend	50 – 50	Unzu-treffend	Sehr unzu-treffend
Er / sie ist kreativ bei der Entwicklung neuer Ideen mit den Kunden.	○	○	○	○	○
Er / sie hält Terminvorgaben des Kunden ein.	○	○	○	○	○
Qualität steht bei ihm / ihr immer an erster Stelle.	○	○	○	○	○

Wie beurteilen Sie den Arbeitseinsatz von ...?

	Sehr zu-treffend	Zutref-fend	50 – 50	Unzu-treffend	Sehr unzu-treffend
Er / sie sucht nach neuen Möglichkeiten für Verbesserungen.	○	○	○	○	○
Wenn Probleme auftreten, sucht er / sie nach Möglichkeiten sie zu umgehen.	○	○	○	○	○

Wie beurteilen Sie den Arbeitseinsatz von ...?

	Sehr zu-treffend	Zutref-fend	50 – 50	Unzu-treffend	Sehr unzu-treffend
Er / sie hinterfragt Arbeitsabläufe, um Innovationsansätze zu finden.	O	O	O	O	O

Wie beurteilen Sie das persönliche Engagement von ...?

	Sehr zu-treffend	Zutref-fend	50 – 50	Unzu-treffend	Sehr unzu-treffend
Seine / ihre Arbeit erledigt er / sie immer sehr zuverlässig und mit einem guten Ergebnis.	O	O	O	O	O
Er / sie übernimmt persönlich die Verantwortung.	O	O	O	O	O
Er / sie denkt und arbeitet vorausschauend und erkennt Probleme.	O	O	O	O	O
Seinen / ihren Fokus legt er / sie auf Dinge, die zum Unternehmenserfolg beitragen.	O	O	O	O	O

Anhang

Wie beurteilen Sie das persönliche Engagement von ...?

	Sehr zu-treffend	Zutref-fend	50 – 50	Unzu-treffend	Sehr unzu-treffend
Er / sie geht als gutes Beispiel voran.	○	○	○	○	○
Er / sie kann mit Stresssituationen sehr gut umgehen und bleibt freundlich.	○	○	○	○	○
Er / sie motiviert seine / ihre Arbeitskollegen.	○	○	○	○	○

Wie beurteilen Sie das Handeln von ... in unserem Unternehmen?

	Sehr zu-treffend	Zutref-fend	50 – 50	Unzu-treffend	Sehr unzu-treffend
Er / sie trifft wichtige Entscheidungen ohne falsche Wege zu gehen.	○	○	○	○	○
Er / sie erkennt wenn Kursänderungen nötig sind.	○	○	○	○	○

Wie beurteilen Sie das Handeln von ... in unserem Unternehmen?

	Sehr zu-treffend	Zutref-fend	50 – 50	Unzu-treffend	Sehr unzu-treffend
Er / sie bezieht Kapazitäten des Unternehmens in seine Entscheidungen mit ein.	○	○	○	○	○
Er / sie involviert Kollegen zur fristgerechten Erledigung von Projekten.	○	○	○	○	○

Wie beurteilen Sie das Zwischenmenschliche von ...?

	Sehr zu-treffend	Zutref-fend	50 – 50	Unzu-treffend	Sehr unzu-treffend
Er / sie baut freundschaftliches Verhältnis zu seinen Kollegen auf.	○	○	○	○	○
Er / sie wird von seinen Kollegen geachtet und respektiert.	○	○	○	○	○
Er / sie vertritt die Interessen seiner / ihrer Kollegen.	○	○	○	○	○

Wie beurteilen Sie das Zwischenmenschliche von ...?

	Sehr zutreffend	Zutreffend	50 – 50	Unzutreffend	Sehr unzutreffend
Er / sie verhält sich gegenüber Kollegen fair und respektvoll.	○	○	○	○	○

Lob, konstruktive Kritik oder besondere Kommentare zu ...

Abbildung 12: Beispiele für eine 360 Grad-Befragung (Eigene Darstellung in Anlehnung an Wegner, 2016)

Name	Kurzbeschreibung	Online-Beispiel (URL / Web-Link)
Fünf-Faktoren-Modell – BIG FIVE INVENTORY (kurz: BIF-10)	Der BIF-10 ist der bekannteste und am intensivsten erforschteste Persönlichkeitstest. Er misst Persönlichkeitsmerkmale: Extraversion, Offenheit, Gewissenhaftigkeit, Neurotizismus und (soziale) Verträglichkeit.	http://www.gesis.org/uploads/media/BFI10_de.pdf http://www.psychomeda.de/online-tests/persoenlichkeitstest.html

Name	Kurzbeschreibung	Online-Beispiel (URL / Web-Link)
NEO-Persönlich-keitsinventur (kurz: NEO-PI-R)	Basiert auf dem BIF-10 und ist weltweit in der Forschung und klinischen Praxis einer der am häufigsten eingesetzte Fragebogen zur Messung des Fünf-Faktoren-Modells der Persönlichkeit; basierend auf den Ergebnissen jahrzehntelanger faktorenanalytischer Forschung mit umfangreichen Bevölkerungsstichproben und klinischen Probandengruppe.	http://www.testzentrale.de/programm/neo-personlichkeitsinventar-nach-costa-und-mccrae-revidierte-fassung.html
HEXACO-Modell	Ähnlich wie der BIF-10, jedoch erweitert um einen sechsten Faktor: Ehrlichkeit - Bescheidenheit.	http://hexaco.org/hexaco-online http://psychometrics.akresgr.org/personalitytest1/
Key 4 You – Persönlich-keitsschlüsel	Dieser Test ist relativ neu auf dem Markt. Er kann helfen Selbsterkenntnis zu verbessern und Entwicklungspotenziale besser zu erkennen.	http://www.key-4-you.de

Name	Kurzbeschreibung	Online-Beispiel (URL / Web-Link)
Myers-Briggs Typen-indikator (kurz: MBTI)	Der MBTI ist ein in den USA entwickelter Persönlichkeitstest. Er kategorisiert den Testteilnehmer und ordnet ihn zu einem von jeweils 16 möglichen Typen ein. Im Test geht es hauptsächlich um Präferenzen bzw. darum aus welcher Intuition heraus Entscheidungen getroffen werden.	http://www.personalitypathways.com/type_inventory.html http://www.typentest.de/test_-_start/test_-_start.htm
Freiburger Persönlichkeits-Inventar (kuz: FPI)	Persönlichkeitsmerkmale, die für das Freiburger Persönlichkeits-Inventar herangezogen werden, sind: Lebenszufriedenheit, soziale Orientierung, Leistungsorientierung, Gehemmtheit, Erregbarkeit, Aggressivität, Beanspruchung, körperliche Beschwerden, Gesundheitssorgen und Offenheit. Außerdem erfasst er die beiden Persönlichkeitsmerkmale Extraversion und Neurotizismus.	http://www.testzentrale.de/programm/freiburger-personlichkeitsinventar.html

Name	Kurzbeschreibung	Online-Beispiel (URL / Web-Link)
Insights (MDI Leadership-Check)	Ein sehr umfangreicher Persönlichkeitstest mit knapp 40 Seiten, der auf dem DISG basiert. Man bekommt pro Frage vier Aussagen vorgelegt, denen man - je nach Zustimmung - Prioritäten (von 1 bis 4) zuweisen muss.	http://www.insights.de/insights/archive/2.html
DISG-Profil oder Inventar oder **kurz: BIP** (Bochumer Inventar)	DISG steht für die Persönlichkeitseigenschaften: • dominant, • initiativ, • stetig und • gewissenhaft. Die vier Dimensionen sind in der wissenschaftlichen Literatur umstritten. Der DISC-Test wird vor allem als Instrument zur Selbstanalyse im Rahmen von Seminaren und Trainings vermarktet.	http://www.disg-test.de/index.php?id=318

Name	Kurzbeschreibung	Online-Beispiel (URL / Web-Link)
- Fortsetzung - **DISG-Profil** oder Inventar oder **kurz: BIP** (Bochumer Inventar)	Er wird jedoch auch von Unternehmen zur Personalauswahl und -entwicklung eingesetzt. Der DISC-Test besteht aus gruppierten Aussagen. Die Testteilnehmer sollen jeweils beurteilen, welche Aussage am ehesten oder am am wenigsten auf sie zutreffen.	

Tabelle 7: Persönlichkeitstests im Überblick (Eigene Darstellung)

Bezeichnung des Aspektes	Details / nähere Beschreibung / mögliche Fragestellungen
Arbeitsaufgaben, -gebiete, -bedingungen und -ziele	Welche Aufgaben werden derzeit wahrgenommen, welche kommen ggf. neu hinzu, welche neuen Herausforderungen stellen sich für das Arbeitsgebiet und was bedeutet dies für den Mitarbeiter? Wie nimmt der Mitarbeiter die Arbeitsbedingungen wahr?

Bezeichnung des Aspektes	Details / nähere Beschreibung / mögliche Fragestellungen
Qualifikationsvorstellungen und –bedarf	Welche neuen Aufgaben stehen in den kommenden Monaten und zwei bis drei Jahren an? Welche Ziele will der Mitarbeiter in dieser Zeit erreichen? Welcher mögliche Weiterqualifizierungsbedarf ergibt sich daraus?
Die berufliche Weiterentwicklung des Mitarbeiters	Wo steht aus Sicht der Führungskraft der Mitarbeiter heute? Welche anderen Aufgaben würden den Mitarbeiter herausfordern bzw. motivieren? Für welche Aufgaben wird der Mitarbeiter zukünftig eingesetzt? Welche Perspektiven ergeben sich daraus?
Fachliche und / oder persönliche Sicht des Mitarbeiters auf die aktuelle Tätigkeit	Feedback zur Arbeitsleistung und den Arbeitsergebnissen

Tabelle 8: Mögliche Aspekte im Mitarbeiterentwicklungsgespräch (Eigene Darstellung in Anlehnung an Goethe-Universität, 2008)

a.	Bis wann lässt sich die Stärke zurückverfolgen? Woran haben / hatten Sie Freude?
b.	In welchen unterschiedlichen Situationen konnten Sie Ihre Stärke(n) erfolgreich einsetzen?
c.	Was für Aufgaben konnten Sie damit bewältigen und wie ist es Ihnen gelungen?
d.	Welche sonstigen Stärken haben Sie als (Tandem-)Partner?
e.	Was macht(e) Sie stolz? Wofür loben Sie andere?
f.	Was können / konnten Sie anderen gut erklären?
g.	Zu welchen Themen oder Problemstellungen werden / wurden Sie um Rat oder Ihre Meinung gebeten?

Tabelle 9: Fragen in Anlehnung an Ochs (2014) (Eigene Darstellung in Anlehnung an Ochs, 2014)

2. Monodrama als „Realitätscheck" - Leitfragen

- Was treibt mich an? (Motive)
- Was ist mir wirklich wichtig? (Werte)
- Worin bin ich richtig gut? (Kompetenzen)
- Wovon bin ich überzeugt? (Einstellungen)

Abbildung 13: Folie: Monodrama als „Realitätscheck" - Leitfragen (Eigene Darstellung in Anlehnung an Reichel & Rebenstein, 2001)

1.	Wovon haben Sie in Ihrer Kinder-und Jugendzeit geträumt?
2.	Welche Dinge haben Sie im Laufe Ihres Lebens ganz besonders interessiert?
3.	Welche einschneidenden Erlebnisse gab es in Ihrem Leben?
4.	Welche Aktivitäten machen Sie in Ihrer Freizeit besonders gern? Was haben Sie dabei gelernt?
5.	Was war Ihnen bei Ihrer Berufswahl besonders wichtig?
6.	Welche wichtigen Dinge haben Sie in der Schule / Ausbildung / im Studium gelernt?
7.	Was haben Sie bei der Ausübung Ihres Berufs gelernt?

8.	Was hat in Ihrem Leben im Augenblick große Bedeutung?
9.	Was bedenken Sie, wenn Sie Entscheidungen treffen?
10.	Was war Ihren Eltern ganz besonders wichtig?

Tabelle 10: Biographische Leitfragen nach Triebel (2015) (Eigene Darstellung in Anlehnung an Triebel, 2015)

Arbeitsblatt - Kompetenzenprofil

RESSOURCEN / KOMPETENZEN		Individuum	Soziales Netzwerk	Berufliches Umfeld
Handlungskompetenz	Persönlichkeits- & Sozialkompetenz	Selbstbewusstsein Kooperationsfähigkeit Kommunikationsstärke Engagement & Motivation Kontaktfähigkeit Konfliktfähigkeit Leistungsfähigkeit Leistungsbereitschaft Reflexionsfähigkeit Selbstwirksamkeitserleben ...	Kommunikationsstärke Kommunikationsverhalten Konfliktfähigkeit Engagement für Team(ziele) Durchsetzungsfähigkeit Stabilität Kooperationsfähigkeit ...	Identifikation mit Unternehmens(zielen) Führungskompetenz Umgang mit formellen und informellen Spielregeln Umgang mit formellen und informellen Zielen Dienstleistungsorientierung Kundenorientierung ...
	Fachkompetenz (Wissen & Fertigkeiten)	Ausbildung Berufserfahrung Hobbies Vorlieben Fachkenntnisse ...	Wissen & Fertigkeiten, die für den Erfolg und die Ziele für Freunde, Bekannte eingesetzt werden können bzw. wurden	Wissen & Fertigkeiten, die für den Erfolg und die Ziele eines Unternehmens (Arbeitgeber, berufliche Kontakte, Kunden) eingesetzt werden können bzw. wurden
	Methodenkompetenz	Organisationsfähigkeit Selbstmanagement Zeitmanagement Work-Life-Balance-Koordination bzw. Erholungskompetenz (Problem-)Lösungskompetenz Umgang mit Geld / Finanzen Karriereplanung ...	Moderations- und Präsentationskenntnisse Projektmanagement (Problem-)Lösungskompetenz Organisationsfähigkeit Zeitmanagement ...	Moderations- und Präsentationsfähigkeiten Entscheidungskompetenz Steuerung (inner)betrieblicher Kommunikation Personalentwicklungskompetenz Organisationsentwicklungskompetenz Unternehmerisches Denken & Handeln ...
	Zielorientierung & Strategisches Denken	Persönliche Lebensziele und Werte	Nachhaltiger Auf- und Ausbau des Netzwerkes Werteimplementierung	Langfristige Entwicklung (Mit-)Gestaltung v. Zielen und Visionen Selbstverwirklichung

Tabelle 11: Beispielhaftes Kompetenzenprofil (Eigene Darstellung)

Bezeichnung	Kurzbeschreibung	Beratungsauftrag (offen u. / o. versteckt)
Kunden	Nennen „echtes Anliegen" und möchten selbst-aktiv und selbstverantwortlich das Problem lösen bzw. Ziele für die Beratung erarbeiten.	**„Hilf mir, mir selbst zu helfen."**
Sich-Beklagende oder Klagende	Klienten beklagen sich über die Problemsituation und sehen sich in der Opfersituation mit Lösungs- und Veränderungsansätzen bei anderen.	**„Ändere andere (wie Vorgesetzte, Mitarbeiter, Partner, etc.) für mich."**
Besucher	Ähnlich wie bei Klagenden ist der Anlass zur Beratung aufgrund Dritter entstanden. Sie wurden von „Zuweisern" (z. B. ihrem Vorgesetzten) in ein Coaching gesandt.	**„Gestalte die Beratung so, dass ich einigermaßen zufriedenstellend mit meinen Zuweisern umgehen kann."**
Ko-Berater	Stellt eine speziellere Form der Klagenden dar. Es wurden bereits Lösungsversuche in Bezug auf das Verhalten Dritter unternommen, welche jedoch nicht erfolgreich verliefen.	**„Such' mit mir nach Lösungsansätzen, die beim nächsten Mal wirksamer werden könnten."**

Tabelle 12: Kundenkategorien (Eigene Darstellung in Anlehnung an De Shazer, 1982; Lippmann, 2013; S. 16 f.)

Faktor	Kurzbeschreibung	Hintergrund
1.	*Selbstverantwortung* für die Situation	Coachee übernimmt Selbstverantwortung für seine Situation und sieht sich als Kunde.
2.	Prägnanter Zugang zu einem ganzheitlichen *Erleben*	Im Sinne einer „prozessualen Aktivierung" nach Grawe (2000) mit der Bereitschaft auch schmerzliche Gefühle des Coachee professionell zu begleiten.
3.	*Zulassen* aller aufkommenden Impulse	Spontan auch auf unterdrückte Gefühle und das innere Geschehen des Coachee eingehen.
4.	Erarbeiten einer von *Akzeptanz* geprägten Beziehung	Wertschätzende Grundhaltung gegenüber Coachee in einer durch Vertrauen geprägten Beratungsbeziehung.
5.	Arbeiten mit der *Überdeterminierung* jeder Problematik	Beachtung eines systemischen Blickwinkels, der viele Perspektiven beachtet und bedeutungssoffen ist.

Faktor	Kurzbeschreibung	Hintergrund
6.	Fokus auf unbewusste und schlecht regulierte *Bedürfnisse*	Beachtung der Bedürfnisse hinter den Interaktionen (z. B. Nähe, Distanz, Freiheit, Sicherheit, etc.) und Verbesserung der Regulation dieser beim Coachee.
7.	*Achtsamkeit* für das Selbsterleben	Entwicklung innerer Achtsamkeit und Wahrnehmung kleinerer innerer Signale für die Bearbeitung seelischer Themen des Coachee.
8.	Verständnis über die *Plausibilität* des Problems	Rekonstruktion der „unerhörten" Geschichte mit den verborgenen Wünschen und Sehnsüchten des Coachee und Dechiffrierung der Plausibilität seines Verhaltens, um Selbstverständnis des Coachee zu erreichen.

Tabelle 13: Faktoren einer möglichen Coaching-Metatheorie (Eigene Darstellung in Anlehnung an Eidenschink, 2015; S. 240 - 242)

Literaturverzeichnis

Adler, D. & Bünting, K. D. (1993): Fremdwörterlexikon. Chur: Isis Verlagsgesellschaft AG.

Ajzen, I. (1985). From intentions to actions: A theory of planned behavior. In: J. Beckmann & J. Kuhl (Hrsg.), Action control: From cognition to behavior (S. 11 - 39). Heidelberg: Springer.

Allione, T. (2000). Women of wisdom. New York: Snow Lion Publications / London: Routlegde & Kegan.

Angerer, P., Gündel, H., Heinmüller, M., Marten-Mittag, B., Nater, U. M. & Siegrist, J. (2011). Stress management interventions in the workplace improve stress reactivity: A randomised controlled trial. Occupational and Environmental Medicine, 68, pp. 126 - 133.

Angerer, P., Glaser, J., Gündel, H., Henningsen, P., Lahmann, C., Letztel, S. & Nowak, D. (Hrsg.) (2014). Psychische und psychosomatische Gesundheit in der Arbeit. Wissenschaft, Erfahrungen, Lösungen aus Arbeitsmedizin, Arbeitspsychologie und Psychosomatischer Medizin. Heidelberg: ecomed Medizin.

Ashford, S. J. (1989). Self-assessments in organizations: A literature review and integrative model. Research in Organizational Behavior, 11, pp. 133 - 174.

Atwater, L. E. & Yammarino, F. (1997). Self-other rating agreement: a review and model. Research in Personnel and Human Resources Management, 15, pp. 121 - 174.

Literaturverzeichnis

Bandura, A. (1977). Self-efficacy: toward a unifying theory behavioral change. Psychological Review, 84, pp. 191 - 215.

Bandura, A. (1982). Self-efficacy mechanism in human agency. American Psychologist, 37(2), pp. 122 - 147.

Bandura, A. (2004). Health promotion by social cognitive means. Health Education & Behaviour, 31(2), pp. 143 - 164.

Barth, D., Benison, A., Christian, J., Flyer, J., Jennings, J., Maier, S. F., Ragole, T. & Watkins, L. (2011). Safety signals mitigate the consequences of uncontrollable stress via circuit involving the sensory insular cortex and bed nucleus of the stria terminalis. Biological Psychiatry, 70, pp. 458 - 464.

Benit, N., Soellner, R. (2013). Scientist-practitioner gap in Deutschland: Eine empirische Studie am Beispiel psychologischer Testverfahren. Zeitschrift für Arbeits- und Organisationspsychologie, 57 (N.F. 31) 3, S. 145 – 153.

Berger, M., Hillert, A., Linden, M., Maier, W., Schramm, E. & Vorderholzer, U. (2012). Positionspapier der Deutschen Gesellschaft für Psychiatrie, Psychotherapie und Nervenheilkunde (DGPPN) zum Thema Burnout.

Birkenbiel, V. F. (1993): Vortrag: Pragmatische Esoterik - Der kleine Weg zum großen Selbst. München: TU München. Online: (https://youtu.be/c_1-nbfRzO0). Abruf: 16.08.2016.

Born, S. (o. J.): E-Learning erobert alle Bildungseinrichtungen. Bonn: Kooperation Alumniportal Deutschland unter Führung von Deutsche Gesellschaft für Internationale Zusammenarbeit (GIZ) GmbH. Online: (https://www.alumniportal-deutschland.org/studium-weiterbildung/weiterbildung/e-learning-interaktiv-spielerisch). Abruf: 08.08.2016.

Brauer, B. (2016): Die „Seelenindustrie". Die traumatisierte Seele. Stuttgarter Zeitung. Online: (http://www.stuttgarter-zeitung.de/inhalt.die-psycho-industrie-psycho-boom-in-deutschland-page3.29bab6e9-38ef-4622-8e80-8a1e84f53851.html). Abruf: 31.08.2016.

Brok, U. (2012). Wie „Wert"-voll ist die Arbeit? Eine psychologische Analyse des Einflusses von Werten auf Engagementbereitschaften deutscher Arbeitnehmer. Veröffentlichte Disseration. Philosophisch-Pädagogische Fakultät. Eichstätt: Katholische Universität Eichstätt-Ingolstadt.

Brooks, B. A. (1882). Those Children and Their Teacher. New York: Putnam.

Burisch, M. (2014). Das Burnout-Syndrom. Theorie der inneren Erschöpfung - Zahlreiche Fallbeispiele - Hilfen zur Selbsthilfe. 5. Auflage. Berlin: Springer.

Burke, L. A. & Hutchins, H. M. (2008). A study of best practices in training transfer and proposed model of transfer. Human Resource Development Quarterly. 19(2), pp. 107 - 128.

Church, A. (2000). Do higher performing managers actually receive better ratings? Consulting Psychology Journal: Practice and Research, 52(2), pp. 99 - 116.

Colquitt, J. A., LePine, J. A., & Noe, R. A. (2000). Toward an integrative theory of training motivation: A meta-analytic path analysis of 20 years of research. Journal of Applied Psychology, 85(5), pp. 678 - 707.

Conner, M. & Sparks, P. (2005). The theory of planned behaviour and health behaviours. In: M. Conner & P. Norman (Eds.), Predicting Health Behaviour: Research and Practice with Social Cognition Models, 2nd Ed. (pp. 170 - 222). Maidenhead: Open University Press.

Csikszentmihalyi, M. (2009). Flow. The psychology of optimal experience. Nachdruck. New York: Harper.

Dahl, A., Moen, B., Mykletun, A., Sanne, B. & Tell, G. (2005). Testing the job demand-control-support model with anxiety and depression as outcomes: the Hordaland Health Study. Occupational Medicine, 55, pp. 463 - 473.

Dammann, G. (2014). Psychotherapeutischer Prozess und Persönlichkeitsstörungen. Zunehmende Evidenz für psychodynamische Perspektiven aus der Prozess-Outcome-Forschung. Psychotherapeut, 59, S. 119 - 129.

De Fruyt, F., Lievens, F., Wille, B. & Woods, S. A. (2013). Personality across working life: The longitudinal and reciprocal influences of personality on work. Journal of Organizational Behavior, 34, pp. 7 - 25.

Derbolav, J. (1987). Grundriß einer Gesamtpädagogik. 1. Auflage, Frankfurt am Main: Verlag Moritz Diesterweg.

De Shazer, S. (1982). Patterns of Brief Family Therapy. An Ecosystemic Approach. New York: The Guilford Press.

Deutsche Psychologen Akademie GmbH des Berufsverbandes Deutscher Psychologinnen und Psychologen (o. J.). Psychotherapieinformationsdienst.

Berlin: Deutsche Psychologen Akademie GmbH des Berufsverbandes Deutscher Psychologinnen und Psychologen. Online: (http://www.psychotherapiesuche.de), Abruf 12.03.2015.

Deutschländer, L. (2016): Deutschland wächst so stark wie seit 1992 nicht mehr. Süddeutsche Zeitung. Online: (http://www.sueddeutsche.de/politik/statistisches-bundesamt-deutschland-waechst-so-stark-wie-seit-nicht-mehr-1.3136489). Abruf: 27.08.2016.

Diener, E. & Scollon, C. (2006). Love, work, and changes in extraversion and neuroticism over time. Journal of Personality and Social Psychology, 91, pp. 1152 - 1165.

Dierks. M. (2005). Karriere! – Kinder, Küche? Zur Reproduktionsarbeit in Familien mit qualifizierten berufsorientierten Müttern. Wiesbaden: VS Verlag.

Diers, C. G. (2006). Falsches Selbstbild. Personal, 5, S. 50 - 52.

Duval, S. & Wicklund, R. A. (1972). A theory of objective self-awareness. New York: Academic Press.

Ebner, K. & Triebel, C. (2010). Coaching wirkt – aber wie? managerSeminare KnowHow, 147, S. 8 - 13.

Edwards, A. L. (1957). The social desirability variable in personality assessement and research. New York: Dryden.

Eidenschink, K. (2015). Selbsterkenntnis und Metatheorie. Anmerkungen zur den essentiellen Voraussetzungen für einen professionellen Einsatz von Tools im Coaching. In: C. Schmidt-Lellek & A. Schreyögg (Hrsg.), Die Professionalisierung von Coaching. Ein Lesebuch für den Coach (S. 233 - 244). Berlin: Springer.

Eisinger, T. & Hiller, D. (2016). Erlebnispädagogik und Migranten. Erleben und lernen. Internationale Zeitschrift für handlungsorientiertes Lernen. 24, S. 4 - 7.

European Health & Fitness Forum (Hrsg.) (2016): European Health & Fitness Market Report 2016. Online: (http://www.europeactive.eu/blog/europeactive-and-deloitte-publish-european-health-fitness-market-report-2016).
Abruf: 07.07.2016.

Fay, D. & Sonnentag, S. (2002). Rethinking the effects of stressors: A longitudinal study on personal initiative. Journal of Occupational Health Psychology, 7, pp. 221 - 234.

Fischer-Epe, M. (2003). Coaching. Miteinander Ziele erreichen. Hamburg: Rowohlt Taschenbuch Verlag GmbH.

Fischer T. & Lehmann, J. (2009). Studienbuch Erlebnispädagogik. Einführung in Theorie und Praxis. Bad Heilbrunn: Verlag Julius Klinkhardt.

Fischer, A. W. & Schaarschmidt (2001). Bewältigungsmuster im Beruf. Göttingen: Vandenhoeck & Ruprecht.

Folger, R., Latham, G.P. & Mawritz, M. B. (2014). Supervisors' exceedingly difficult goals and abusive supervision: The mediating effects of hindrance stress, anger, and anxiety. Journal of Organizational Behaviour, 35, pp. 358 - 372.

Folkmann, S. & Lazarus, R. S. (1984). Stress, appraisal, and coping. New York: Springer.

Genkova, P., Ringeisen, T., & Leong, F. T. L. (Hrsg.) (2013). Handbuch Stress und Kultur. Interkulturelle und kulturvergleichende Perspektiven. Wiesbaden: Springerverlag VS.

Glanert, C. B. (Hrsg.) (2016): Dunkel Retreat. Sasbachwalden: SpiritBalance. Online: (http://spiritbalance.net/page.php?al=Dunkel-Retreat). Abruf: 07.07.2016.

Glaserfeld, E. v. (1987). Wissen, Sprache und Wirklichkeit. Arbeit zum radikalen Konstruktivismus. Braunschweig, Wiesbaden: Verlag.

Glitsch, E. (2015). Inventar zur Messung sozialer Kompetenzen in Selbst- und Fremdbild (ISK-360°). Zeitschrift für Organisationspsychologie, 2, S. 95 - 101.

Goethe-Universität (Hrsg.) (2008): Das Mitarbeiter-Entwicklungsgespräch. Ein Dialog mit Perspektive. Frankfurt am Main: Goethe-Universität. Online: (https://www.uni-frankfurt.de/46208706/MAEG_Broschuere.pdf). Abruf: 09.07.2016.

Goldstein, K. (1939). The organism. New York: American Book Company.

Goldstein, K. (1963). Human nature in the light of psychopathology. New York: Schocken.

Grawe, K. (2000). Psychologische Therapie. Göttingen: Hogrefe.

Groll, T. (2015): Arbeitspsychologe Andreas Krause - „Irgendwann stresst sogar der eigene Erfolg." Zeit Online. Online: (http://www.zeit.de/karriere/beruf/2015-03/dauerstress-krank-arbeiten-gruende-interview). Abruf: 07.08.2016.

Gröning, K. (2007). Supervision und Coaching. FoRuM Supervision – Zeitschrift für Beratungswissenschaft und Supervision, 29, S. 4 - 16.

Hampson, S. E. & Woods, S. A. (2010). Predicting adult occupational environments from gender and childhood personality traits. Journal of Applied Psychology, 95, pp. 1045 - 1057.

Harris, M. M. & Schaubroeck, J. (1988). A meta-analysis of self-supervisor, self-peer, and peer-supervisor ratings. Personnel Psychology, 41, pp. 43 - 62.

Heid, H. (2001). Situation als Konstrukt. Zur Kritik objektivistischer Situationsdefinitionen. Schweizerische Zeitschrift für Bildungswissenschaften, 23, S. 513 - 528.

Heidegger, M. (1986). Sein und Zeit. 16. Auflage. Tübingen: Niemeyer.

Heidemeier, H. (2005). Self and supervisor ratings of job-performance: meta- analyses and a process model of rater convergence. Dissertation, Universität Nürnberg-Erlangen.

Heidenberger, B. (Hrsg.) (o. J.): Interview mit dem Coach Jan Theofel: Experiment – 8 Tage in Dunkelheit. Wien. Online: (http://www.zeitblueten.com/news/coach-jan-theofel-selbstexperiment). Abruf: 07.07.2016.

Heller, J. (2013). Resilienz. 7 Schlüssel für mehr innere Stärke. München: Gräfe und Unzer Verlag.

Heller, J. (2015). Resilienz. Innere Stärke für Führungskräfte. Zürich: Orell Füssli Verlag.

Henkel, D. & Rau, R. (2013). Zusammenhang von Arbeitsbelastungen und psychischen Erkrankungen. Review der Datenlage. Der Nervenarzt, 84, S. 791 - 789.

Herms I. & Hütter, F. (2011). Neurobiologische und psychologische Grundlagen der Erlebnisorientierung. In: Holzbaur, U. D. & Marx, I. (Hrsg.). Handlungs- und Erlebnisorientierung in der tertitären Bildung, (S. 33 - 53) Band 6. Aalener Schriftenreihe der Betriebswirtschaft. Aachen: Shaker.

Heß, T. & Roth, W. L. (2001). Professionelles Coaching. Eine Expertenbefragung zur Qualitätseinschätzung und –entwicklung. Heidelberg: Asanger.

Hesse, J. & Schrader, H. C. (2010). Was steckt wirklich in mir? 3. Auflage. Hallbergmoos: Stark Verlagsgesellschaft.

Hochschild, A. R. (2002). Keine Zeit. Wenn die Firma zum Zuhause wird und zu Hause nur Arbeit wartet. Opladen: Leske und Budrich Verlag.

Höge, T., Brucculeri, A. & Iwanowa, A. N. (2012). Karriereunsicherheit, Zielkonflikte und Wohlbefinden bei Nachwuchswissenschaftlerinnen und –wissenschaftlern. Eine Drei-Länder-Studie. Zeitschrift für Arbeits- und Organisationspsychologie, 56(30), S. 159 - 172.

Holzer, C. (2013). Unternehmenskonzepte zur Work-Life-Balance. Ideen und Know-How für Führungskräfte, HR-Abteilungen und Berater. Erlangen: Publicis.

Hölzle, C. (2011). Bedeutung von Ressourcen und Kreativität für die Bewältigung biografischer Herausforderungen. In: C. Hölzle & I. Jansen (Hrsg.), Ressourcenorientierte Biografiearbeit. Grundlagen – Zielgruppen – Kreative Methoden, 2. Aufl. (S. 71 - 86). Wiesbaden: VS Verlag.

Hossiep, R. & Paschen, M. (2003). Das Bochumer Inventar zur berufsbezogenen Persönlichkeitsbeschreibung (BIP). Handanweisung. 2., vollständig überarbeitete Auflage. Göttingen: Hogrefe.

Hoppe, F. (1930). Erfolg und Misserfolg. Dissertation. Berlin: Verlagsbuchhandlung Julius Springer.

Hutchins, H. M. (2009). In the trainer's voice: A study of training transfer practices. Performance Improvement Quarterly, 22(1), pp. 69 - 93.

Hüther, G. (2009): Gelassenheit hilft: Anregungen für Gehirnbenutzer. Köln: Know-How-Kongress 2009, Vortrag. Online: (https://youtu.be/2XlJmew2lK4). Abruf: 18.07.2016.

Jung, N., Lüdicke, F. & Oehme, M. (2010). Die schizoide Persönlichkeitsstörung. Störung oder autonome Persönlichkeit. Seminararbeit. Saarbrücken: Universität des Saarlandes.

Kallus, K. W. (1996): EBF: Erholungs-Belastungs-Fragebogen. Frankfurt a. M.: Swets Test Service. Online: (http://www.pearsonassessment.de/Erholungs-Belastungs-Fragebogen-EBF-3.html). Abruf: 12.08.2016.

Kaluza, G. (2011). Stressbewältigung. Trainingsmanual zur psychologischen Gesundheitsförderung. Berlin: Springer.

Kanning, U. P. (2014). Inventar zur Messung sozialer Kompetenzen in Selbst- und Fremdbild (ISK 360°). Göttingen: Hogrefe.

Kastner, B. (2006). Lernprozesse im Coaching. Organisationsberatung – Supervision – Coaching, 2, S. 109 - 120.

Keil, J.-G. & Schmidt, T. (2004). Erfolgsfaktoren beim Einzel-Coaching. Ein Screening der Coachinglandschaft aus Sicht von Coachingnehmern. Organisationsberatung – Supervision – Coaching, 3, S. 239 - 252.

Klinkhammer, M. & Saul-Soprun, G. (2009). Das „Hochstaplersyndrom" in der Wissenschaft. Organisationsberatung Supervision Coaching, 16, S. 165 - 182.

Knieps, F. & Pfaff, H. (Hrsg.) (2015). „Langzeiterkrankungen". BKK Gesundheitsreport 2015. Berlin: Medizinisch Wissenschaftliche Verlagsgesellschaft und BKK Dachverband e.V.

Koch, A. (2013). Unveröffentliche Lehrunterlagen des Mastervorkurses „Training und Coaching". Erding: Hochschule für angewandtes Management.

Köcher, K. (2013): Werte für 2014: „Erfolg wird nicht mehr am Geld gemessen". Hamburger Abendblatt. Online: (http://www.abendblatt.de/hamburg/article123370388/Werte-fuer-2014-Erfolg-wird-nicht-mehr-am-Geld-gemessen.html). Abruf: 28.08.2016.

Krajewski, J., Sauerland, M. & Wieland, R. (2010). Regulating strain states by using the recovery potential of lunch breaks. Journal of Occupational Health Psychology, 15, pp. 131 -139.

Krajewski, J. Mühlenbrock, I., Schnieder, S. & Seiler, K. (2011). Wege aus der müden (Arbeits-)Gesellschaft: Erklärungsmodelle, Messansätze und Gegenmaßnahmen. Zeitschrift für Arbeitswissenschaften, 65, S. 97 - 115.

Krajewksi, J., Schnieder, S. & Seiler, K. (2013). I did it my way – wie sich Erholungskompetenz messen lässt. Wirtschaftspsychologie aktuell, 4, S. 13 - 16.

Krempien, A.-K. (2013). Frühwarn-Cockpit: Stressmanagement bei der Deutschen Telekom. Wirtschaftspsychologie aktuell, 2, S. 58 - 60.

Landesinstitut für Arbeitsgestaltung des Landes Nordrhein-Westfalen (LIA.NRW) (Hrsg.) (2012): Arbeit und Erholung. Check Erholungsfähigkeit. Düsseldorf: LIA.NRW. Online: (http://www.lia.nrw.de/themen/Arbeit_gestalten/ges_foerd/erholung/check_erholungsfaehigkeit/index.html). Abruf: 09.08.2016.

Lehmann, E. & Seiler, K. (2012). Wann tanken Sie auf? Selbstcheck Erholungsfähigkeit. In: Schmidt, A. & Schröder, J. (Hrsg.), Den Akku wieder aufladen: Regenerationsfähigkeit in der Arbeitswelt von morgen. Tagungsband zum 10. BGF-Symposium (S. 55 - 67). Köln: Institut für Betriebliche Gesundheitsförderung (BGF).

Lipfert, K. (2013). Hemmungsloses Erleben in schwindelnder Höhe. Praxis der Psychomotorik, Zeitschrift für Bewegungs- und Entwicklungsförderung, 3, S. 128 - 133.

Lippmann, E. (2007). Alles Coaching, ... oder was? FoRuM Supervision – Zeitschrift für Beratungswissenschaft und Supervision, 29, S. 26 - 39.

Lippmann, E. (2009). Grundlagen. In: Lippmann, E. (Hrgs.), Coaching. Angewandte Psychologie für die Beratungspraxis, 2. Auflage (S. 11–46). Berlin: Springer.

Lippmann, E. (2013). Coaching. Angewandte Psychologie für die Beratungspraxis. 3., überarbeitete Auflage. Berlin: Springer.

Lohmer, M., Sprenger B. & von Wahlert, J. (2013). Gesundes Führen, Life-Balance versus Burnout im Unternehmen. Stuttgart: Schattauer.London, M. (1995). Self and interpersonal insight: how people gain understanding of themselves and others in organizations. New York: Oxford Press.

Lorenz, M. (2015): Neue Trends im Bereich E-Learning. Gummersbach: grow.up. Managementberatung GmbH. Online: (http://blog.grow-up.de/neue-trends-im-bereich-e-learning). Abruf: 09.08.2016.

Lowenthal, M. (2003). Dawning of Clear Light: A Western Approach to Tibetan Dark Retreat Meditation. Charlottesville: Hampton Road Publishing Company.

Lück, H. & Timaeus, E. (1969). Skalen zur Messung Manifester Angst (MAS) und Sozialer Wünschbarkeit (SDS-E und SDS-CM). Diagnostica, 15, S. 134 - 141.

Mabe, P. A. & West, S. G. (1982). Validity of self-evaluation of ability: a review and meta-analysis. Journal of Applied Psychology, 67(3), pp. 280 - 296.

Manz, C. & Sims, H. (1990). Superleadership: Leading others to lead themselves. Berkley: Trade.

Martens, A. (2007). „Ohne Lernkultur geht es nicht – Studie zum Bildungs-Transfer". ManagerSeminare, 116, S. 57 - 59.

Mental Health Centre North Zealand (Hrsg.) (1998): WHO-Five Well-being Index (WHO-5). HillerØd (DK): Mental Health Centre North Zealand, Psychiatric Research Unit. Online: (https://www.psykiatri-regionh.dk/who-5/Pages/default.aspx). Abruf: 07.08.2016.

McClelland, D. C. (1985). Human motivation. London: Scott, Foresman & Co.

Migge, B. (2007). Handbuch Coaching und Beratung. 2. Auflage. Weinheim: Beltz Verlag.

Migge, B. (2014). Handbuch Coaching und Beratung. Wirkungsvolle Modelle, kommentierte Falldarstellungen, zahlreiche Übungen. 3. Auflage. Weinheim: Beltz Verlag.

Moser, K. (1999). Selbstbeurteilung beruflicher Leistungen. Psychologische Rundschau, 50 (1), S. 14 - 25.

Mourlane, D. (2012). Resilienz: Die unentdeckte Fähigkeit der wirklich Erfolgreichen. Göttingen: BusinessVillage GmbH.

Mulder, M. (2014). Conceptions of Professional Competence. In: S. Billett, C. Harteis, H. Gruber (Eds). International Handbook of Research in Professional and Practice-based Learning (S. 107 - 137). Dordrecht: Springer.

Mummendey, H. D. (1999). Bielefelder Arbeiten zur Sozialpsychologie. Selbstdarstellungstheorie – ein Überblick. Nr. 191. Psychologische Forschungsberichte. Universität Bielefeld.

Muschalla, B. (2014). Arbeitsbezogene Ängste in Forschung und Praxis. Zeitschrift für Arbeits- und Organisationspsychologie, 58 (N. F. 32) 4, S. 206 - 2014.

Nilsen, D. & Campbell, D. P. (1993). Self-observer rating discrepancies: once an overrater, always an overrater? Human Resource Management, 31(2/3), pp. 265 - 281.

Nowack, K. M. (1997). Congruence between self-other ratings and assessment center performance. Journal of Social Behavior and Personality, 12(5), pp. 145 - 166.

Ochs, D. (2014). Unveröffentlichtes Arbeitsblatt - Stärken und Kompetenzen. Webinar: Deutsche Bildung. Online-Jahressymposium 2014. Persönlichkeitsentwicklung.

Oechsle, M. (2002). Keine Zeit – (k)ein deutsches Problem. In: Hochschild, A. R. (Hrsg.), Keine Zeit. Wenn die Firma zum Zuhause wird und zu Hause nur Arbeit wartet (S. 7 - 14). Opladen: Leske und Budrich Verlag.

Pelz, W. (2014). 360-Grad-Feedback zur Beurteilung von Managementkompetenzen. Ergebnisse eines Forschungsprojekts. Gießen: Technische Hochschule Mittelhessen.

Prange, K. & Strobel-Eisele, G. (2006). *Die Formen des pädagogischen Handelns. Eine Einführung.* Stuttgart: W. Kohlhammer GmbH.

Rampe, M. (2004). Der R-Faktor. Das Geheimnis unserer inneren Stärke. München: Knaur Verlag.

Rauen, C. (2005). Der Ablauf eines Coaching-Prozesses. In: C. Rauen (Hrsg.), Handbuch Coaching, 3. Auflage (S. 273 - 288). Göttingen: Hogrefe.

Reichel, R. & Rebenstein, R. (2001). Kreativ beraten. Münster: Ökotopia Verlag.

Reivich, K. & Shatté, A. (2002). The resilience factor: 7 essential skills for overcoming life's inevitable obstacles. New York: Broadway Books.

Renneberg, B. & Lippke, S. (2006): Theorien und Modelle des Gesundheitsverhaltens. In: B. Renneberg, & P. Hammelstein (Hrsg.), Gesundheitspsychologie (S. 35 - 59). Heidelberg: Springer Medizin Verlag.

Richert, B. (2015): Werte-Index 2016: Gesundheit, Freiheit und Erfolg bleiben den Deutschen am wichtigsten, die Sehnsucht nach Natur und Sicherheit steigt. Berlin: TNS Infratest. Online: (http://www.tns-infratest.com/presse/presseinformation.asp?prID=3471). Abruf: 28.08.2016.

Riedenauer, M. (2004). Philosophie des Coaching. Anthropologische, hermeneutische und ethische Implikationen. Organisationsberatung – Supervision – Coaching, 4, S. 365 - 378.

Roberts, C. (1994). Checklist for personal values. In: Kleiner, A., Roberts, R., Ross, B., Senge, M. & Smith, B. J. (Eds.), The fifth discipline fieldbook: Strategies and tools for building a learning organization (p. 209 - 2012). New York: Doubleday.

Robertson, M. & Lilge-Stodieck, R. (2014): Folter in China: Gao Zhisheng kann kaum sprechen nach fünf Jahren allein in Dunkelhaft. Epoch Times. Online: (http://www.epochtimes.de/china/china-politik/folter-in-china-gao-zhisheng-kann-kaum-sprechen-nach-fuenf-jahren-allein-in-dunkelhaft-a1174638.html). Abruf: 08.08.2016.

Rogers, C. R. (1951). Client-Centered Therapy. Boston: Houghton Mifflin.

Rose, U., Müller, G., Burr, H., Schulz A. & Freude, G. (2016). Arbeit und Mentale Gesundheit. Ergebnisse aus einer Repräsentativerhebung der Erwerbstätigen in Deutschland. Dortmund: Bundesanstalt für Arbeitsschutz und Arbeitsmedizin (baua).

Rosenberger, D. (2008). Der Transfer und die Nachhaltigkeit in der Erlebnispädagogik. Universität Linz. Unveröffentlichte Diplomarbeit.

Von Rosenstiel, L. (2003). Grundlagen der Organisationspsychologie. Stuttgart: Schäffer-Poeschel Verlag.

Rutkowski, M. (2015). Unter der Oberfläche. Was Reflexionsprozesse beeinflusst und was wir damit tun können! erleben & lernen, 1, S. 7 - 9.

Scherm, M. & Scherer, S. (2011). Feedbacksysteme im Coachingprozess: Forschungsergebnisse und Praxis. In: Fritze, A., Loebbert, M. & Wegener, R. (Hrsg.), Coaching entwickeln (S. 135-147). Wiesbaden: VS Verlag für Sozialwissenschaften.

Schmidt,. M. (2007). Die Wirkung von Feedback im Rahmen eines Development-Centers auf die Selbstbild-Fremdbild-Kongruenz. Veröffentlichte Diplomarbeit, Lehrstuhl Psychologie I, Schriftenreihe: Mannheimer sozialwissenschaftliche Abschlussarbeiten. Mannheim: Universität Mannheim.

Schmidt-Tanger, M. (2004). Gekonnt coachen: Präzision und Provokation im Coaching. 2. Auflage. Paderborn: Junfermann Verlag

Schwartz, S.H. (1992). Universals in the Content and Structure of Values: Theoretical advances and empirical tests in 20 countries. In: Zanna, M. P. (Ed.), Advances in experimental social psychology, 25 (p. 1 - 65). San Diego: Academic Press.

Schwuchow, K. (2015). Neue Erkenntnisse – einfach und klar? Weiterbildung. Zeitschrift für Grundlagen, Praxis und Trends, 2, S. 10 - 13.

Seifarth, K. (2012). Aus den Hemmschuhen in die Stöckelschuhe: Das Selbst-Coaching-Buch für zufriedenere Mütter. Hamburg: Books on Demand.

Selye, H. (1956). The stress of life. New York: McGraw-Hill.

Senninger, T. (2000). Abenteuer leiten – in Abenteuern lernen. Münster: Ökotopia Verlag.

Siebert, A. (2005). The resiliency advantage. Master change, thrive under pressure, and bounce back from setbacks. San Francisco: Berrett-Koehler Publishers.

Sonnentag, S. & Fritz, C. (2007). The Recovery Experience Questionnaire: Development and Validation of a Measure for Assessing Recuperation and Unwinding From Work. Journal of Occupational Health Psychology, 12(3), pp. 204 - 221.

Spencer-Oatey, H. (2000): Culturally Speaking. Managing Rapport through Talk across Cultures. London: Continuum.

Statista (Hrsg.) (2016): GKV - Durchschnittlicher Krankenstand bis 2016. Hamburg: Statista – das Statistik-Portal. Online: (http://de.statista.com/statistik/daten/studie/5520/umfrage/durchschnittlicher-krankenstand-in-der-gkv-seit-1991). Abruf: 31.08.2016.

Stein, M. (2009). Einführung in die Pädagogik. München: Ernst Reinhardt Verlag.

Triebel, C. (2015). Selbst- und Fremdwahrnehmung und –wirkung. Erding: Modulvorlesung der Hochschule für angewandtes Management GmbH.

Trost, G. & Terörde-Wilde (2013). Der Wert der Werte: Notwendigkeit und wichtiger Erfolgsfaktor. Wirtschaftspsychologie aktuell, 2, S. 16 - 18.

Vierus, T. (2004). Sorge als philosophischer Eckpfeiler der Beratung. Organisationsberatung – Supervision - Coaching, 11(2), S. 151 - 159.

Von Schumann, K. (2013). Coaching. In: M. Landes & E. Steiner (Hrsg.), Psychologie der Wirtschaft (S. 217 - 231). Wiesbaden: Springer VS.

Wagner, A. (2000). Arbeiten ohne Ende? Über Arbeitszeiten von hochqualifizierten Angestellten. In Institut für Arbeit und Technik (Hrsg.). Jahrbuch 1999/2000 (S. 258 - 275). Gelsenkirchen: Institut für Arbeit und Technik.

Warr, P. & Bourne, A. (1999). Factors influencing two types of congruence in multirater judgements. Human Performance, 12(3/4), pp. 183 - 210.

Wegner, D. (2016): Vorlage: 360° Mitarbeiterbefragung. Koblenz: easyfeedback. Online: (https://indivsurvey.de/umfrage/10097/x450MH-858e265040662b197071189c4fa3be04). Abruf: 27.08.2016.

Wellensiek, S. K. (2011). Handbuch Resilienz-Training. Widerstandskraft und Flexibilität für Unternehmen und Mitarbeiter. Weinheim: Beltz Verlag.

Witty, M. C. (2007). Client-Centered Therapy. In: Kazantzis, N. & L'Abate, L. (Eds.), Handbook of Homework Assingments in Psychotherapy. Research, practice and prevention (p. 35-52). Berlin: Springer.

Wohlers, A. J. & London, M. (1989). Ratings of managerial characteristics: evaluation difficulty, coworker agreement, and self-awareness. Personnel Psychology, 42, pp. 235 - 261.

Yammarino, F. J. & Atwater, L. E. (1993). Understanding self-perception accuracy: implications for human resource management. Human Resource Management, 32(2/3), pp. 231 - 247.